三島由紀夫と日本国憲法

Yukio Mishima and the Constitution of Japan

藤野博〈著〉

はじめに

三島由紀夫が自決してから五〇年が経過した。五〇年という区分は一つの時代を刻印するものであり、すでに「歴史」の領域に入りつつある。だが、様々な分野で三島の文学・思想に対する再評価の機運が高まっている。半世紀前の三島の言葉は、「現在」に鳴り響いているのである。

本書は、憲法改正を訴えて自決した三島由紀夫の「魂の声」に触発された産物である。憲法論議が巻き起こっている今、三島の先鋭な憲法改正論が正《まさ》に甦《よみがえ》っていることを示そうとするものである。ただし、本書の目的は三島の憲法論の単なる解説ではない。三島の提起を今《こん》日《にち》の課題として引き受け、日本国憲法を根源的に考察することである。

第一章において、憲法に関する三島の発言を探り出し、その憲法論を紐解《ひもと》く。そして、変転しながらも行き着いた憲法改正論の内容を解明する。

第二章では、三島の憲法論の骨格を成す論題を摘出し、深く掘り下げて考究する。「第九条の問題」は第三章で論じることとし、「日本国憲法の歴史」、「国家像の必要性」、「天皇条項」、

「非常事態法」の四つのテーマについて、三島の見解の意義と問題点を洞察する。その際には、憲法の原理的考察を基盤としつつ、史料に依拠しながら、現憲法の成り立ちと性格を客観的に究明する。また、憲法学者・思想家などの多様な見解を取り上げながら、多角的観点から現憲法の実相を分析する。

日本国憲法の歴史を熟視すれば、制定の起源に「ポツダム宣言」の受諾があり、条約を順守しなければならない我が国は、連合国軍総司令官総司令部（GHQ）の指示によって憲法改正を余儀なくされた。したがって、戦争の敗北に起因し、「連合国による武力革命」によって創設された憲法である。

「憲法制定権力」とは、憲法を創《つく》り出す力である。現憲法は「日本国の主権による憲法制定権力」によって創られたものではない。根本的に日本国家の自主性・自律性を欠いており、「正統性」のない憲法である。さらに、GHQは日本国民の意思を尊重することなく、みずから憲法を起草するなどの「反民主的手法」によって数々の過《あやま》ちを犯した。このように、現憲法は「正統性」と「正当性」の欠如した憲法であることを明らかにする。

次に、三島が提起した、憲法の根底に国家像が必要不可欠であることを提示する。その際には、世界の憲法や評論家・憲法学者の提案を参考にする。さらに、そもそも「国家」とは何か、「近代」は「近代以前」と断絶しているのか、という思想論的課題にまで踏み込み、護憲論者の、単眼的で狭小な国家観に反論する。

また、三島が問題視した天皇条項を見直す。特に大嘗祭《だいじょうさい》を始めとする天皇祭祀が「政教分離の原則」に違反しないことを実証的に示す。

今日議論の的になっている非常事態法（緊急事態法）については、三島の提案を軸とし、賛否両論を比較検討する。

三島は、自衛隊は違憲であるとし、第九条の改正が必須であると主張した。そこで、第九条を第三章で独立させて綿密に追究する。九条は解釈が混迷しており、国論を二分する憲法論の最大のテーマである。しかも、非暴力主義・非武装主義に対する評価など、思想的問題を含んでいるので、一層困難さを深めている。

そのため、九条を広角的視点から再点検する。史料を精細に分析することによって、九条誕生の経緯、条文は矛盾に満ちた不条理なものであること、GHQは再軍備を命令して法理を破壊したこと、日本政府は欺瞞《ぎまん》的な「解釈改憲」を重ね、法の「規範性」を毀損《きそん》した事実を明るみに出す。同時に、軍備放棄の第九条があるために日米安保条約が締結されたのであり、安保条約に伴う基地問題などの起源は、すべて「第九条」にあることを炙《あぶ》り出す。

さらに、政治学者・丸山眞男《まさお》、作家・大江健三郎、評論家・柄谷行人《からたにこうじん》、憲法学者・樋口陽一の、有力な九条護持論と向き合う。そして九条護持論はドグマ（宗教上の教義）と化していることを浮かび上がらせるとともに、結局「九条改正論」に行き着くことを論理的に証明する。

その上で、三島由紀夫の九条改正論を吟味する。加えて、評論家・江藤淳《じゅん》、評論家・西部《にしべ》邁《すすむ》、憲法学者・西修《にしおさむ》、法哲学者・井上達夫の、注目すべき九条改正論を読み解く。

また、これらの護憲論・改憲論のすべてに対して私の論評を付け加え、対論形式で第九条の根本的究明を試みる。そして最後に、私の九条改正論を提言する。

日本国憲法を論じるに当たって、私が最も重視する思考基準は「事実」と「原理」である。先ず心がけるのは、「事実」に忠実に従うことである。「事実」に依拠して「価値判断」を下すことが最も大切だからである。予断、偏見、政治的イデオロギーを排除し、客観的・実証的に考察することに努める。特に現憲法の成り立ちについては、「歴史の事実」に基づいて正確に把握することが必要である。

次に、憲法の「原理」を常に念頭に置いて考えることが必要不可欠である。浅薄で偏狭な判断を生まないように、憲法の基本原理に立ち返って厳密に思考しなければならないからである。

以上の、日本国憲法誕生の「事実」と、憲法の「原理」とを考え合わせるなら、次のような結論が導き出される。

現憲法は「外国の憲法制定権力」によって創られたという「出自《しゅつじ》」を内蔵しているため、私たちは「日本国の主権による憲法制定権力」を行使する権利を、今もまだ保持しているのである。そして、理念としての「憲法制定権力」は、現実には「憲法改正権力」として機能する。

三島由紀夫は、こう断言した。

現憲法は占領下で作られた実定法である（「憲法　ここが不満だ」）。

われわれは、習俗、慣習、歴史、文化、宗教などの民族的固有性に準拠して、日本の憲法を創造する権利を有する（「問題提起」）。

現憲法が「外国の憲法制定権力」によって作られたことを指摘するとともに、「日本国の憲法制定権力」の行使を訴えており、現憲法の「事実」と、憲法の「原理」とを見極めた正論と言うべきである。

私たち日本国民は、民主主義・立憲主義の本道に従って、自主的・自律的に「憲法制定権力」を発動し、「正統的憲法」を創出する権利を、未《いま》だに確保しているのである。そして、「憲法制定権力＝憲法改正権力」を行使する際には、現憲法の「すぐれたところ」、「現実に適合しないところ」、「欠けているもの」などを精緻に検討することが肝要である。

憲法は、国民の生命・生活・精神に決定的な影響力のある「国家の根本法」である。だからこそ、私たち日本国民一人一人が、憲法を自分の問題として主体的に考えなければならないのである。

目次

第一章　三島由紀夫の憲法観を追跡する

三島由紀夫の憲法改正論を吟味する前に、その憲法観が常に一貫していたわけではなく、変化していることに注意する必要がある。その変転の実態を時系列に従って追跡してみよう。

憲法改正不要論

三島の膨大な作品を渉猟《しょうりょう》すると、憲法について初めて発言したのは、昭和四二年（一九六七）に最初の自衛隊体験入隊を終えたあとに行われた『サンデー毎日』（同年六月一一日号）のインタビューの場である（「三島帰郷兵に26の質問」――以下、引用はすべて『決定版　三島由紀夫全集』による）。自衛隊は違憲か合憲かと問われて、三島は次のように答えている（一部中略）。

私の考へは体験入隊の前とあととでこの問題に関しては少しも変わつてゐません。しかし、いまは、この問題で大議論する時期ではない。少なくとも私は、いまの段階では憲法改正は必要ではないといふ考へに傾いてゐます。といふのは、憲法改正に要する膨大な政治的、社会的なエネルギーの損失を考へるなら、それを別のところに使ふべきだと思ふから。私が望んでゐるのは、国軍を国軍たる正しい地位におくことだけです。

〈体験入隊の前とあととで少しも変わっていない〉という発言の中の〈変わっていない〉のは、「合憲」、「違憲」のどちらなのか、明確に答えていない。ただ、今の段階では改正の必要はないという発言を見ると、「違憲」なのでいずれ改正の必要はあるが、現段階では議論すべきでないというように受け取ることは可能である。だが、そうだと断定できるわけではないようにも思われ、解釈は分かれる可能性がある。

注目すべきは、昭和四二年の段階では、憲法改正を大議論する時期ではないと語り、現実を見極めた状勢論的な判断をしていることである。ただ、自衛隊を〈国軍〉の地位におくことを最優先と考えているところを見ると、自衛隊の存在は憲法に保証されていないので、いずれ時機を見て、この点を改正すべきであると主張しているように解釈することもできるのである。

自衛隊合憲論

ところが、このインタビューの二カ月後に書かれた「青年と国防」では、このように述べている（一部中略）。

私は、あらゆる国家は固有の自衛権を持つてゐるといふ考へから自衛隊を合憲と見る人々の主張に反対してゐない。私は考へようによつては、現在ただいまが危機だと信じてをり、国民が危機感を持つてゐないことに焦燥《しょうそう》してゐる。私が望んでゐるのは国軍を国軍たる正しい地位におくこと、国軍と国民の間の正しいバランスを設定することなのである。

ここで重要なのは、国家は固有の自衛権を持つとの観点から、自衛隊を「合憲」と明言していることである。したがって先のインタビューで、〈入隊前とあとで変わっていない〉という見解は、自衛隊を「合憲」と見なしていたことが判明する。そうであれば、違憲ではないが、〈国軍〉の地位を憲法に明確化することが必要であると解釈でき、このような意味で憲法改正を主張していると読み取れるのである。

固まった憲法改正論

憲法改正の主張は、昭和四三年五月の『週刊読売』のアンケートに対する回答で明確になる（「憲法　ここが不満だ」）。

　いまの憲法を改めて、自衛隊を正式の軍隊とすることに賛成である。第九条の第一項は議論の余地はあるが、第二項はよくない。第一項は一つの理想を述べたものであるが、第二項はまつたく占領下の実定法的法規だからである。

第一項は、議論の余地があるとしつつも、明確に改正すべきとは明言せず、留保しているが、第二項は占領下で作られた実定法なので改正すべきであるとはっきり述べている。したがって、約九カ月前の『サンデー毎日』での回答の、〈今の段階では改正の必要はない〉という考えは、ここで変更されたと断定してよいであろう。

このように、三島の見解は明らかに変転しているのであるが、この『週刊読売』での回答のあとは、一貫して改憲を主張しているので、この段階で改憲の考えが固まったと思われる。

このような転回をした理由を、三島の作品の中に見出すことはできない。そこで、これらの発言のあった二年間の三島の行動を追跡してみると、三島が社会的行動へ急激に傾斜する転機となった、注目すべき二年間であることがわかる（「年譜」—前掲全集42）。

昭和四二年に、民族派学生団体との交流が始まるとともに、初めて自衛隊に体験入隊をし、陸上自衛隊調査学校情報教育課長・山本舜勝《きよかつ》と緊密な交流が始まる。四三年になると、学生を引き連れて自衛隊に体験入隊をし、それが学生の民兵組織「楯の会」に結実する。四四年の過激派学生らによる国際反戦デーデモを実見するが、暴動化に騒乱罪が適用され、警察力によって鎮圧される様子を目撃する。この事実を見て、騒乱の際には自衛隊の出動はもはやなくなり、「楯の会」が自衛隊と行動を共にすることは不可能になったことを悟る。

この二年間に、三島の主体的な軍事的行動と、過激派学生の反体制的な暴力行動という客観的状勢とが交錯していることがわかる。したがって、これらの複合的要因が三島の危機感を増幅させ、憲法改正の必要性を決断させることになったのではないか、と推測する。

国防観と国家観の提示

さらに立て続けに発せられる主張で目立つのは、憲法論の前提にあるべき「国防の意義」や「日本国家観」という根本的な問題を、繰り返し展開していることである。四四年に書かれた「反革命宣言」では、このように論じている。

われわれが護《まも》るべきは、日本の歴史・伝統・文化であり、その中心が天皇である。そして、議会制民主主義の長所である〈言論の自由〉を護るために、言論統制・言論弾圧を必然的に伴う共産主義・全体主義と断固闘う。〈言論の自由〉と〈文化概念としての天皇〉とが結びついたものこそ、日本の〈古くて新しい国体〉である。

ここで三島は、統治権や統帥権を有する「政治概念としての天皇」を断念することによって、護るべきは、祭祀・文学などの主宰者としての〈文化概念としての天皇〉と〈言論の自由〉とが結びついた〈古くて新しい国体〉と定めた。天皇と民主制とを結び付けた新たな日本国家像を創出したのである。

次に重視すべき論文は、四五年一月に発表された「『変革の思想』とは——道理の実現」である。憲法の根底には日本国家像の確立が必須であることを強調しており、その要旨は次のとおりである。

憲法を問題にするのは、そこに国家の問題が鮮明に現れているからである。現憲法は、国家への忠節を謳《うた》わず、人類共通の理想へのみ忠誠を誓わせるようにできている。

国家は、行政権の主体としての〈統治的国家〉と、国民精神の主体としての〈祭祀《さいし》的国家〉に分かれる。〈統治的国家〉は近代政治学に基づいた、理性を原理とする国家であり、ヒューマニズム、人類愛を原理とする。〈祭祀的国家〉は、祭祀が国家の永遠の時間的連続性を保障し、歴史・伝統・文化が継承されるもので、感性を原理とする。この国家の首長が天皇である。そして、空間的国家である〈統治的国家〉と時間的国家である〈祭祀的国家〉という二元性の調和・均衡が理想の国家である。統治的国家は国際協調主義の方向の線上にあるものであるが、真にナショナルな自立の思想の根拠は祭祀的国家のみにあり、祭祀的国家に忠誠を誓うべきである。

「自衛隊二分論」

昭和四四年には、自衛隊の構成について〈自衛隊二分論〉というユニークな提案をしており、大旨《おおむね》このように説いている（「自衛隊二分論」）。

自衛隊を、自由主義体制を守るための軍隊と規定する。その上に立って、現憲法下における現実的解決策として、自衛隊を〈国土防衛軍〉と〈国連警察予備軍〉に二分することを提案する。国民が自らの手で国を守ろうとする自主防衛の精神と、日米安保条約を通しての集団安全保障体制の維持を両立させる道である。

第一に、陸上自衛隊の八割ないし九割を安保条約から切り離し、これに海上自衛隊の二割ないし三割、また航空自衛隊の一割を合体させて、〈国土防衛軍〉とする。この国土防衛軍に民兵組織、短期現役制度などを結合させるが、これはあくまでも日本の国土を守るための軍隊である。

第二に、現憲法下では国連警察軍に参加できないので、国連警察予備軍を国内法で編成する。陸上自衛隊の二割ないし一割、海上自衛隊の八割ないし七割、航空自衛隊の九割をもって編成する。これは海外での軍事行動はできず、日本国土の外周を守り、日本産業の生命線である西太平洋の油の輸送路を確保する。集団安全保障下の防衛体制に基づく〈安保下の軍隊〉であり、外国からの侵略に備えるものであって、海外侵略を意図するものではない。

行き着いた自衛隊違憲論と憲法改正案の提起

昭和四五年の五月から九月にかけて、「楯の会」の憲法改正草案研究会における資料として配布された「問題提起」は、憲法問題の本質と具体的改正案を提起している点で、刮目《かつもく》すべき論文である。内容は三項目に分かれており、その要旨は次のとおりである。

（1）新憲法における「日本」の欠落

現憲法においては「日本」が欠落しており、憲法体系は国家の投影ではない。確たる国家像を背後に持たず、国連憲章にすべてを委任する形で成立している。このような事態は、現憲法が国体と政体についての確たる弁別を立てていないことから起る必然的結果である。

国体とは日本民族日本文化のアイデンティティを意味する。歴史・伝統・文化の時間的連続性に準拠し、国民の永い生活経験と文化経験の集積の上に成立するものである。政体とは国家目的追求の手段であって、目的ではない。国体と政体の別を明らかにし、国にとって侵すべからざる恒久不変の国体と、盛衰を常とする政体との癒着を剝離《はくり》することこそ、国の最大の要請でなければならない。したがって、第一章〈天皇〉の国体明示の改正なしに第二章の〈戦争の放棄〉のみの改正に手をつけることは、国家百年の大計を誤るものである。

第一章の第一条と第二条との間には明らかな論理的矛盾がある。「主権の存する日本国民の総意に基く」筈のものが、「世襲される」というのはおかしい。また、天皇が「象徴としての地位」を否定されれば、必然的に第二条の「世襲」は無意味になり、天皇家は絶えず存在の危機にさらされることになる。しかし、このような矛盾は、第一条において、天皇という超個人的、伝統的、歴史的存在の、時間的連続性(永遠性)の保証者たる機能を、「国民主権」という個人的、非伝統的、非歴史的概念をもって裁いたという無理から生じたものである。これは、天皇の伝統的概念を破壊して、無理やり西欧的民主主義概念と天皇制を接着させ、移入の制度によって、根生《ねお》いの制度を正当化しようとした、方法的誤謬から生まれたものである。われわれは、習俗、慣習、歴史、文化、宗教などの民族的固有性に準拠して、日本の憲法を創造する権利を有する。

次に問題とすべきは、天皇の祭祀である。天皇の祭祀は歴史・伝統・文化の連続性と、国の永遠性を祈念し保証する象徴行為であるにもかかわらず、天皇家の個人的行事とされて国家と切り離されている。しかし世俗的君主と異なる天皇は、時間的連続性の「象徴」であり、「神聖」を内包している存在である。したがって「神聖不可侵」の規定を復活させるべきであり、おのづから第二〇条の政教分離規定から除外しなければならない。

(2) 戦争の放棄

第九条は敗戦国日本の戦勝国に対する詫証文《わびしょうもん》である。論理的に解釈すれば、自衛権も明白に放棄されており、いかなる形の戦力の保持も許されず、交戦権を有しない。第九条の字句通りの順守は「国家として死ぬ」以外にない。しかし死ぬわけにいかないから、緊急避難の理論によって自衛隊の正当化を企てた自民党政府の解釈は、奇怪極まるものである。

第九条第一項によって、自衛のための戦力の保持は十分可能である。しかし第二項は、自衛権の放棄を意味するから削除すべきであるという改憲論の意見に賛成である。だがそのためには、第一項の規定は、世界各国の憲法に必要事項として挿入されるべきであり、日本国憲法のみが国際社会への誓約を国家の基本法に包含しているのは、不公平を免れない。むしろ第九条全部を削除するほうがよい。その代わりに、国軍の創立を謳《うた》い、建軍の本義を憲法に明記して、次のように規定するべきである。

「日本国軍隊は、天皇を中心とするわが国体、その歴史、伝統、文化を護持することを本義とし、国際社会の信倚《しんい》と日本国民の信頼の上に建軍される」

防衛は国の基本的な最重要課題であり、自国の正しい建軍の本義を持つ軍隊のみが、空間的時間的に国家を保持し、主体的に防衛しうるのである。憲法改正は喫緊《きっきん》の課題である。なぜなら、解釈上の混迷を残したまま物理的軍事力のみを増強することによって、自衛隊は最も大切な魂を失うことになりかねないからである。

（3）　非常事態法について

旧憲法は非常事態に処する法的措置を憲法中に包含していたが、新憲法は非常事態に対処する処置を全く欠いている。自衛隊法に治安出動を規定するのみで、基本的人権に由来する一般的所有権の制限などについて何ら触れることがなく、法的不備は明らかである。

非常事態法は、ある緊急状態において、公法上の一般原則を曲げうるとなす「法の自己否定」の性質を帯びている。これが拡大解釈されれば、法体系自体が崩壊する危険を含んでいる。しかしその危険を冒《おか》してまでこの条項があるのは、緊急時における法のフレキシブルな運用を保障する根拠を平時から明示しておくという、いわば非常用水の用水桶のような用心のためである。非常事態法を予め講じておかなかった場合は、法の混乱と物理的混乱が生じるだけであり、法的無秩序を収拾するのは何らかの「力」であるに決まっているから、結局その「力」に屈するほかはなくなるのである。

以上の三島の改憲案を見ると、自衛隊は違憲であると断定しており、この時点で自衛隊違憲論が固まったと言ってよい。そして、第一条の天皇条項と、第九条及び第二〇条の政教分離の条項とを連動させて改正すべきであると唱えていること、第九条を削除して新たな条文を提案していること、また緊急事態法の制定を主張している点が、顕著な特徴である。

自衛隊駐屯地での「憲法改正」の訴えと自決

昭和四五年（一九七〇）一一月二五日、東京・市ヶ谷の陸上自衛隊東部方面総監部で総監を監禁した三島は、自決直前に撒《ま》いた檄文《げきぶん》で、自衛隊員にこう呼びかけた（要点のみ引用）。

法理論的には、自衛隊は違憲であることは明白であり、国の根本問題である防衛が、ご都合主義の法的解釈によつてごまかされ、軍の名を用ひない軍として、日本人の魂の腐敗、道義の頽廃《たいはい》の根本原因をなしてきてゐるのを見た。もつとも名誉を重んずべき軍が、もつとも悪質の欺瞞《ぎまん》の下に放置されてきたのである。

生命尊重のみで魂は死んでもよいのか。今こそわれわれは生命尊重以上の価値の所在を諸君の目に見せてやる。それは自由でも民主主義でもない。日本だ。われわれの愛する歴史と伝統の国、日本だ。これを骨抜きにしてしまつた憲法に体をぶつけて死ぬ奴はゐないのか。もしゐれば、今からでも共に起ち、共に死なう。

ごまかしの法解釈によって〈日本〉を骨抜きにされた憲法を改正するために、命懸けで立ち上がることを自衛隊員に訴えたのである。さらに、〈歴史と伝統の国、日本〉こそ〈生命以上の価値〉であると叫び、「生命至上主義」に異議を唱えて、凄絶な割腹自殺を遂げた。歴史の遺物と思われた「切腹」という礼法を蘇《よみが》えらせ、日本と世界を震撼させたのである。

第二章　三島由紀夫の憲法改正論を深く掘り下げる

第一章で示したように、三島由紀夫の憲法論は多面的な要素を包含している。それらの中から、今日私たちが考えるべき重要なテーマとして、「日本国憲法の歴史」、「国家像の必要性」、「天皇条項」、「第九条」、「非常事態法」の五項目を抽出する。なお、「第九条」は、憲法論の象徴を成す巨大なテーマなので、第三章で独立させて根本的な究明を試みる。

本章では、現憲法成立の経緯と憲法の基本的原理との関係を見極めるとともに、三島の提起を思想論的に掘り下げることによって、これらの問題をどう判断すべきかを追究する。さらに加えて、これまで提示された「護憲論」と「改憲論」の中から、特に三島の提起と比較対照すべきと判断した見解を取り上げるとともに、諸外国の憲法も参照しながら、広角的視点から三島の憲法改正論の意義と問題点を掘り下げてみたい。

第一節　日本国憲法の歴史を解明する

先に指摘したように、三島は現憲法が占領軍によって作られたことを問題視し、日本人の手によって自主的に憲法を創《つく》るべきであると主張した。この指摘こそ、「押し付け憲法」か否か、また、それをどう評価するかという、これまで延々と続いている論点に通じるテーマである。「押し付け」という表現はいかにも通俗的であるが、よくよく考えれば、この問題は、憲法を創《つく》り出す権力、すなわち「憲法制定権力」に関わる重大なテーマなのである。したがって、「憲法」とは何かということを含めて、原理的な考察にまで踏み込む必要があり、日本国憲法論は憲法の原理的探究からスタートしなければならない。その上で、史料に基づいて現憲法制定の過程を正確に把握することを試みる。

1　憲法の基本原理を探究する

憲法とは何か

そもそも「憲法」とは何であろうか。「憲法」は英語で「constitution」という（フランス語も同じ、ドイツ語ではverfassung)。「constitution」の第一義的意味は、「構成すること・制定すること」であるが、これが「規則・法令」の意味を持つようになる。さらに、「国家の構成」を意味するようになり、これが「国家が構成され統治される基本的原理の体系」へと発展し、「憲法」を指すようになった（『The Oxford English Dictionary Second Edition Vol.III』)。

ところが今日では、憲法は多義的に用いられる。一つは〈形式的意味の憲法〉であり、成文の法典である。もう一つは〈実質的意味の憲法〉であり、成文であると不文であるとを問わず、国家の統治の基本を定めた法としての憲法であるが、これにはさらに二つの意味がある。〈固有の意味の憲法〉は、国家の機関・組織・作用に関する規範であり、いかなる時代のいかなる国家にも存在する。また〈立憲的意味の憲法〉は、一八世紀末の近代市民革命期に成立し、国家権力を制限して国民の権利・自由を守ることを目的とする〈近代的意味の憲法〉である（芦部《あしべ》信喜《のぶよし》〔高橋和之補訂〕『憲法　第七版』）。

では、日本語の「憲法」という用語はいつ頃から使われたのであろうか。よく知られているのは、六〇四年に厩戸《うまやと》皇子《のみこ》（聖徳太子）が作ったとされる「憲法十七条」である。ただしこれは、「和を以《も》ちて貴《とうと》しとし、忤《さか》ふること無《な》きを宗《むね》とせよ」〔和を尊び、互いに逆らい背くことなく事を論じ合い、合意に至るべきである〕など、朝廷の官人が職務を遂行する際の、守るべき倫理的規範を説いたものである（小島憲之他校注・訳『新編日本古典文学全集3　日本書紀②』、〔　〕は藤野注釈、以下同じ）。したがって、「constitution」の中の「規則」の意味に該当すると考えられ、近代的な意味の憲法とは性格を異《こと》にする。

そして明治になって新政府は、国家の根本法としての「constitution」の起草に取り組んだ。だが、明治九年に明治天皇が発した「国憲起草勅語」に〈国憲《こっけん》〉とあるように、「憲法」という用語はまだ定着していなかった（稲田正次《まさつぐ》『明治憲法成立史　上巻』）。そして、明治一五年伊藤博文《ひろぶみ》らが憲法調査のために欧州へ派遣されるに当たって出された勅書の中に、「憲法」という言葉が用いられる。さらに明治二二年の大日本帝国憲法の公布によって、「憲法」という用語が決定的なものとなるのである。

ここに、「国家の構造・統治に関する基本的な決まり」としての「憲法」が、我が国で初めて制定された。そして、大東亜戦争の敗北により連合国に占領された我が国は、ＧＨＱの指令に基づいて帝国憲法の改正という手続きを取り、現在の日本国憲法を成立させたのである。

憲法成立の原理としての「憲法制定権力」と「主権」

それでは、憲法を創り出す力は、本来誰が握っているのであろうか。「憲法制定権力」や「主権」の捉え方には多様な学説があるが、ここでは元東京大学教授・芦部信喜（一九二三〜九九）の理論を参考にする（前掲書）。「憲法制定権力（憲法制定権）」とは、憲法をつくり、憲法上の諸機関に権限を付与する権力である。これは、フランス革命期に活躍したシェイエスが、著書『第三階級とは何か』の中で展開した理論である。近代市民革命を経て近代的憲法に実定化された立憲主義では、憲法を実定化する主体は国民であり、国民が憲法制定権力の保持者と考えられた。憲法制定権力は「国民主権」として制度化されることになるのである。

そこで、「憲法制定権力」の根源にある「主権」の意味を探ってみる。主権の概念は多義的であるが、一般に次の三つの異なる意味に用いられる。

① 国家権力そのもの（国家の統治権——国家が有する支配権）
② 国家権力の属性としての最高独立性（国家の独立性——内にあっては最高、外に対しては独立）
③ 国政についての最高の決定権（国の政治のあり方を最終的に決定する力または権威——君主に存する場合は君主主権、国民に存する場合は国民主権）

以上が、「憲法制定権力」と「主権」に関する基本的原理である。したがって日本国憲法を論じる場合にも、「憲法制定権力」と「主権」の行使者は誰であったのかが問われる。また制定の際に、②の対外的に独立した主権と、③の国政の最高決定権がどのように機能していたのかを、精細に解明することが不可欠なのである。

2　日本国憲法の起源を掘り起こす

日本国憲法制定の過程

それでは、日本国憲法制定の過程を歴史的に顧みる。憲法誕生の深層を掘り起こし、憲法制定権力の主体は誰であったのかを探ってみる。

現憲法は大日本帝国憲法と全く異なった経緯によって作成されたことが、著しい特徴である。帝国憲法の場合は、明治九年に国憲起草の勅語が出てから、明治二二年に公布されるまで、実に一三年間もかけて作成されたものである。民間から数多くの憲法草案が提起されるとともに、明治政府も西欧諸国に憲法調査に出かけるなど、当時の日本人は精力的に憲法の作成に取り組んだのである。

しかし、日本国憲法制定の場合はＧＨＱの指令が発端であり、その草案はＧＨＱによって作成された。しかも、草案が実質的にわずか八日間で作成されたことは、異常というほかはない。

では、なぜ現憲法の草案はＧＨＱによって作られることになったのであろうか。その経緯のあらましを、日本側の資料とアメリカ側の資料の両方を参照することによって明らかにする。一方だけの資料では、客観性が保たれないからである。

日本側の資料は、当時内閣法制局の第二部長、次いで局次長として、憲法成立の全過程に深く関わった佐藤達夫の『日本国憲法成立史　全四巻』である。またアメリカ側の資料は、昭和三二年（一九五七）に発足した憲法調査会の会長・高柳賢三東大教授が、憲法起草に携わったラウエル中佐から入手したＧＨＱの記録文書を、田中英夫・大友一郎とともに翻訳・解説をした『日本国憲法制定の過程　Ⅰ・Ⅱ』である。

昭和二〇年（一九四五）七月二六日、アメリカ・イギリス・中国の三国はポツダム宣言を発し、日本に対して降伏を勧告してきた。その中には、「日本の非武装化と占領化」のほか、「民主主義的傾向の復活強化」、「基本的人権の尊重の確立」、「日本国国民の自由に表明する意思に従い、平和的傾向を有する責任ある政府の樹立」などが要求されていた（佐藤達夫前掲書第一巻）。

これに対して日本政府は、「天皇の国家統治の大権を変更するの要求を包含しないという了解の下に受諾す」と申し入れた。それに対する回答は、「降伏の時より天皇及び日本国政府の国家統治の権限は、連合国軍最高司令官の制限の下に置かれるものとす」、及び「最終的の日本国の政府の形態はポツダム宣言に従い、日本国国民の自由に表明せる意思により決定せらるべきものとす」というものであった。そして同年八月一四日、昭和天皇のご聖断があり、日本政府は受諾を決定したのである。

占領後の一〇月四日に、マッカーサー連合国軍最高司令官は東《ひがし》久《く》邇宮《にのみや》内閣の国務大臣であった近衛《このえ》文麿《ふみまろ》元首相に対し、非公式に憲法改正を示唆した。近衛は憲法調査の勅命を受けて調査・研究に入ったが、翌月にGHQは、近衛の憲法調査はGHQの関知するところではないと発表した。

一方でマッカーサーは、一〇月一一日に新内閣の幣原《しではら》喜《き》重郎《じゅうろう》首相（一八七二〜一九五一）に対し、憲法改正を自主的に進めるよう指示した。そのため政府は、法学者で商工大臣などを歴任した松本烝治《じょうじ》国務大臣を委員長とする「憲法問題調査委員会」を設けた。当代第一級の憲法学者であった美濃部《みのべ》達吉《たつきち》博士らを顧問とし、有数の憲法学者であった宮澤俊義東京帝大教授らを委員として、憲法の審議に取り組んだ。

ところが、翌年二月一日、毎日新聞が同委員会の試案をスクープした。その内容は委員会案と完全に同じではなかったが、帝国憲法の基本原理を維持するものであった（佐藤達夫前掲書第二巻）。事実、二月八日に総司令部に提出された同委員会の「憲法改正要綱」は、第一条「大日本帝国は万世一系の天皇之を統治す」と第四条「天皇は国の元首にして統治権を総攬し此の憲法の条規に依り之を行ふ」は変えないで、第三条「天皇は神聖にして侵すべからず」を「天皇は至尊にして侵すべからず」と改めたものであり、天皇統治の基本原理は新聞スクープとほぼ同じであった。

それに対してGHQは、委員会案は帝国憲法の基本的な性格をそのまま残している、と判断した（高柳賢三他『日本国憲法制定の過程I』）。マッカーサーは委員会案を拒否することを決意するとともに、GHQが改正草案を作り、日本政府に提示して、それに基づく原案を作成させることが最も有効な方法であると考えた。

そこでマッカーサーは二月三日、秘《ひそ》かに民政局長・ホイットニー准将《じゅんしょう》にいわゆる「マッカーサー・ノート」を手渡し、憲法改正の必須要件である三原則を示して、草案作成を命じた。その三原則のうち、第三項は封建制度・貴族制度・華族制度の廃止などを指示しているが、特に現憲法の「天皇条項」と「第九条」に関わる二つの項目に注目する必要がある。

（1）天皇は、国家の元首の地位にある。

皇位は世襲される。

天皇の職務および権能は、憲法に基づき行使され、憲法に示された国民の基本的意思に応えるものとする。

（2）国権の発動たる戦争は、廃止する。日本は、紛争解決のための手段としての戦争、さらに自己の安全を保持するための手段としての戦争をも、放棄する。日本は、その防衛と保護を、今や世界を動かしつつある崇高な理想に委《ゆだ》ねる。

日本が陸海空軍をもつ権能は、将来も与えられることはなく、交戦権が日本軍に与えられることもない。

（1）の天皇条項については、元首規定以外は現憲法に生かされている。（2）の戦争放棄条項も現憲法に謳《うた》われているが、〈自己の安全を保持するための手段としての戦争をも〉の部分はこのあとの民政局草案では削除されており、自衛戦争は可能か、また自衛隊は合憲かという、のちに巻き起る大論争の淵源《えんげん》であることがわかる。

なお、「マッカーサー・ノート」が作成される以前の一月一一日に、アメリカ政府からマッカーサーに送られた文書も重要な意味を持っている。それは、アメリカ政府の国務・陸軍・海軍三省調整委員会（SWNCC）による「SWNCC—二二八文書」であり、日本の統治体制に関する具体的な改革を指示していたからである（佐藤達夫［佐藤功補訂］前掲書第三巻）。

その内容の骨子には、「広い範囲の代表選出権にもとづく選挙民に対し責任を負う政府を樹立すること」、「日本国民の自由意思を表明できる方法で憲法改正または憲法を起草し、採択すること」、「皇帝制度を維持する場合には、皇帝は議院内閣制に基づく内閣の助言に基づいてのみ一切の重要事項を行う」などが盛り込まれていた。

ところが、起草を担当した民政局は、作成開始から確定までわずか八日間で改正草案を作成した。そして二月一三日に、ホイットニー民政局長は吉田茂外務大臣・松本国務大臣に政府委員会案の全面拒否を通告した上で、いわゆる「マッカーサー草案」を手渡したのである。

GHQが極秘裏に改正草案を作成していたことを全く知らなかった両大臣は、その内容に愕然《がくぜん》とした。しかし、この草案を呑《の》むことがほとんど唯一の選択の道であることを告げられた政府は、二月二六日からマ草案に準拠した政府原案の作成に取りかかった。

原案作成の過程でGHQと頻繁に話し合いが行なわれ、部分的に修正された「憲法改正草案」が、四月一七日に枢密院《すうみついん》〔天皇の諮詢《しじゅん》に応《こた》え、重要な国務を審議する機関〕に諮《はか》られ、六月二〇日に帝国議会に提出された。さらに小範囲の修正ののちに可決され、最終的に一〇月二九日に枢密院で可決されて、一一月三日に公布されたのである（佐藤達夫〔佐藤功補訂〕前掲書第四巻）。

日本国憲法成立の根源にある「ポツダム宣言」

以上の憲法制定までの経緯から、私たちは何を汲み取るべきであろうか。

最も本質的な点は、敗戦による我が国のポツダム宣言受諾は国際合意であり、条約と見なされるので、我が国はポツダム宣言受諾の拘束を受けて、その内容を実施しなければならない国際法上の義務を負うことになったことである。

そしてポツダム宣言は、「帝国憲法の改正」を明確に指示しているわけではないが、「最終的の日本国の政府の形態は、日本国国民の自由に表明せる意思により決定せらるべきものとす」としているので、実質的に帝国憲法の「天皇主権」を否定して「国民主権」を明確に指示していると解釈できる。したがってポツダム宣言は、帝国憲法改正の契機を孕《はら》んでいたのであり、新憲法制定の主因はこのポツダム宣言にあると言える（佐藤達夫前掲書第一巻）。

また、先に指摘したように、ポツダム宣言についての日本政府の問い合わせに対して連合国は、「占領下においては、天皇及び日本国政府の国家統治の権限は、連合国軍最高司令官の制限の下に置かれるものとす」と回答した。つまり、「統治権」は天皇にも日本政府にもなくマッカーサーにあったので、我が国は、国家主権の要素を成す「対外的な独立性」と「国政の最高決定権」を喪失していたのである。したがって、この回答を受諾した以上、我が国はこの国際的取り決めを守る義務が生じ、連合国による憲法改正指令に従わざるを得なかったと考えられる。

ちなみに、日本と同じように第二次世界大戦で敗戦国となったドイツの場合を見ると、西ドイツは西側連合国によって新憲法制定を指示された。各州政府はそれを受け入れて基本法制定会議が、実質的な憲法である「基本法」を制定し、連合国の承認を得た（永田秀樹「ドイツ連邦共和国　解説」―畑博行／小森田秋夫編『世界の憲法集〔第五版〕』）。西ドイツ（今日のドイツ連邦共和国）の基本法は、連合国の指示によるという点では我が国と同じ経緯で作られたことがわかる。

以上の経緯を考慮するなら、「押し付け憲法」と見なす論調は一面で当たっているが、何の根拠もない「非合法的な押し付け」ではなく、「ポツダム宣言の受諾」という条約に基づいたものである。したがって現憲法は、「敗戦」と「ポツダム宣言」の所産なのである。

「連合国による武力革命」によって創設された日本国憲法

大日本帝国憲法は、明治維新という「国内の革命」によって成立した新しい政治体制によって創出された。それは、王政を打倒したフランス革命によって、いわゆる「フランス人権宣言」が創《つく》られたのと同じ原理と見なすことができる。つまり、両者とも「国内の武力革命」が原因で創設された法典である。

それに対して現憲法の成立は、戦争の敗北に起因し、言わば「連合国による武力革命」が成立の本源であり、国内的法理を超えた原理に基づいて創出された「異形《いぎょう》の憲法」なのである。したがって、散見される現憲法無効論は、成り立たないと考えられる。連合国による憲法改正の指令に対して私たちがいかに屈辱感を抱いたとしても、「国家主権」を喪失したことが根本にあり、国内法を超越した国際法が現憲法の法理的根源なので、法的有効性を認めなければならないからである。

なお、現憲法は手続き上、帝国憲法の改正条項に基づいて改正されたことになっている。しかしその実体は、帝国憲法の全条文が完全に破棄されて書き換えられたものである。しかも、現憲法の三原則と言われる「国民主権」、「平和主義」、「基本的人権の尊重」は、帝国憲法の基本原理を廃棄して、新しく導入されたものである。したがって、法原理の観点からこれを「改正」と見なすことはできない。「連合国による憲法制定権力」によって、全く別種の憲法が創《つく》り出されたことになるからである。名目的に「改正」を謳《うた》っているが、実質的には憲法の「創設」と見なすべきである。

この点について、憲法学の権威、美濃部達吉は、制定手続きは帝国憲法の改正と言われているが、実質上は旧憲法を全面的に廃棄し、国家の統治機構を根底から変革して、全く新規な憲法を制定したものであると断じている（『新憲法逐條解説』）。また、憲法学の泰斗、佐々木惣一京都帝大教授も帝国議会での審議において、改正案はその全部にわたって改正しようとするものであり、改正の名の下に新制定をしている、と断定している（清水伸編著『逐条日本国憲法審議録［増訂版］第四巻』）。当時の憲法学の権威がともに、「改正」ではなく「新定」であることを明言していることに注目すべきであろう。

ＧＨＱの「反民主的手法」を徹底検証する

このように現憲法の有効性を認めなければならないとしても、ＧＨＱが憲法改正を進めるに際して、アメリカ本国政府の指針どおりに動いていたのかどうかを検証する必要はある。

アメリカ政府による「ＳＷＮＣＣ―二二八」は、「日本国民の自由意思を表明できる方法で憲法改正または憲法を起草し、採択すること」と指示していた。すなわち、国家主権を喪失した状況下にあっても、憲法制定に当っては日本国民の自由意思が認められていたのである。

そこで先ず問題とすべきは、マッカーサーが憲法改正案を起草するように指示した幣原内閣は、帝国憲法下で勅命〈天皇の命令〉によって作られた内閣であり、〈国民によって選出された政府〉ではないことである。この点は明らかに「ＳＷＮＣＣ―二二八」違反である。したがって、マッカーサーは、この文書を受け取ったあと、幣原への改正指示を撤回しなければならなかった。その上で、国民による選挙によって選出された内閣、もしくは国民によって選出された代議員から成る憲法制定会議などによって、日本国民の自由意思に基づいた改正を進めるべきだったのである。これがマッカーサーの根本的な誤りである。そして、ＧＨＱが政府の委員会案を拒否したあと、みずから草案を作成した行為も、「ＳＷＮＣＣ―二二八」に明確に違反しており、第二の誤りである。

この点については、ドイツと比較したとき、その違いが鮮明に浮かび上がってくる（永田前掲解説）。

一九四五年五月、ドイツ軍は無条件降伏し、ドイツは米英仏ソの四カ国の統治に服することとなり、連合国管理委員会が設置されたが、共同管理下のベルリン以外は分割されて占領地区別にそれぞれ独自の軍政が敷かれた。

その後東西冷戦の進行につれて統一国家の再建が困難になると、四八年、西側占領地区の英米仏三国は、西側各州政府の首相に対して、西側の国家を創設するべく、憲法制定会議の招集を要請した。州政府は分裂の固定化を避けるために、憲法に代えて暫定的性格を持つ「基本法」を制定することとした。その要綱を作成するための専門委員会が草案を作成し、住民が選出した州議会議員による間接選挙によって選ばれた代議員から成る基本法制定会議が翌年に基本法の原案を採択し、三国がこれに同意を与えた。

西ドイツの基本法は、西側連合国の指示に起因し、最終的に西側連合国の同意が必要であったにせよ、草案作成開始から採択まで約八カ月をかけて、州民に選出された代議員によって自律的に作成されたのである。できあがった前文には「ドイツ国民は、……その憲法制定権力によって、この基本法を制定した」と明記されている。基本法は正式な「憲法」としての性格を持っており、西ドイツ国民の〈憲法制定権力〉によって制定されたことを高らかに謳《うた》っているのである。

これに対して我が国の場合は、GHQが国民の選出によらない内閣に草案を起草させた上に、それを拒否して新たな草案を作成し、それを日本政府に提示して翻訳させ、原案を作成させた。GHQが西ドイツの「基本法制定会議」の役割を演じたのである。これが真実であることは、起草を担当する合同会議で述べられた、ホイットニー民政局長の次の訓示によって証明される――「これからの一週間、民政局は憲法制定会議の役をすることになる」（高柳他前掲書I、傍点藤野）。

したがって、同じように敗戦によって新憲法の制定を指示されたにもかかわらず、西ドイツ基本法との決定的な違いは、原案の起草段階において日本国民の自由な意思表示が保証されなかった点にある。

では、改正案作成に関して、当時の日本国民がどのように考えていたのかを明らかにする（佐藤達夫前掲書第二巻)。

昭和二一年二月に、輿論《よろん》調査研究所による、憲法改正についての世論調査の結果が発表された。その対象は、政界、学界、官界、教育界、実業界、宗教界、法曹界、勤労者層、学生層、女性層など一三方面にわたっていた。そして憲法改正の方法については、憲法改正委員を公選し国民の代表者により改正案を公議する方式を支持するものが五三%、議会の憲法改正委員会において改正案を提出する方式を支持するものが二四%であった。この両方を合わせると、七七%もの圧倒的多数が国民の意向の反映された草案作成を要求していたのである。

また同じ頃に、学者・知識人も同様の考えを持っていた。高野岩三郎、森戸辰男、鈴木安蔵《やすぞう》らの知識人から成る「憲法研究会」は、国民各界から参集した憲法制定会議の開催を主張した。法学者の末広厳太郎《いずたろう》東京帝大教授も、国民の総意を反映させた草案作成委員会の設置を提案した。

さらにその後、政府の改正案を審議した帝国議会でも問題視された(清水前掲書第一巻)。政治学者であり貴族院議員であった南原《なんばら》繁東京帝大総長(一八八九~一九七四)は、草案自体が国民の選んだ代表者たる議会において作成されるべきであると主張し、制定方法の非民主性を鋭く指摘した。佐々木惣一や森戸辰男も、同様の意見を繰り広げた。しかし吉田茂首相(一八七八~一九六七)は、敗戦国の立場や国際情勢などを理由にして、これらの主張を突っぱねた。

これら一連の事実は、当時の日本国民の正当な憲法感覚を証明していると言えよう。その反面、GHQがみずから原案を起草し独断専行に走った実態は、現憲法成立における「反民主性」を一層際立たせているのである。

さらに言うならば、なぜGHQはアメリカ本国の方針に反してまで、みずから草案を作成し、しかも八日間という異常な短期間で仕上げたのかという疑問が湧く。それには理由があり、連合国側に複雑な事情があったためである（高柳他前掲書Ⅱ）。

日本の占領管理はアメリカが中心となり、その圧倒的なリードの下に開始された。それに対して、イギリスやソ連が強い権限を持って参加することを要求していた。その結果、昭和二〇年一二月二七日に、連合国一一カ国の代表者から成り、日本占領統治の最高機関である「極東委員会」がワシントンに、連合国軍最高司令官の諮問及び監視の機関として「対日理事会」が東京に置かれることになった。憲法改正を含めて日本管理のための政策決定の権限は、極東委員会の手に握られることになり、アメリカ政府もマッカーサー元帥も、その権限が制限されることになったのである。

そして、極東委員会の活動開始は二一年二月二六日であったため、マッカーサーは二月三日に、GHQが草案を作ることが唯一の方法であると決めた。極東委員会の主導によらない憲法改正を実現するためには、あえて強硬な手法を取るほかはないと考えたのである。

このような、GHQがみずから草案を作成した経緯を見る限り、我が国は連合国内の主導権争いという、次元の低い政争に翻弄《ほんろう》されたことになる。したがって現憲法は、「民主的手続きによる憲法」を指示したアメリカ本国の指針を逸脱して制定されたものであり、「反民主的な憲法」と言わねばならない。

なお、マッカーサーは退任後に著した『マッカーサー回想記〈下〉』（津島一夫訳）の中で、次のように語っている。

「私はアメリカ製の日本憲法を作って日本側に命令でそれを採択させるということはしなかった。憲法改正は日本人自身が他から強制されずに行うべきものだったから、私は偶然の環境で絶対的な権力をにぎった征服者が完全に受身でなんの抗弁もしない政府に押しつけるというような形で、アメリカ製の憲法を無理押しに日本人にのみ込ませることだけはやるまいと心に決めていた」

「そこで、私は幕僚たちに、受諾可能な改正案を起草するため日本側に援助と助言を与えるよう指示した」

「SWNCC—二二八」の指示に反した上に、みずからの過《あやま》ちを糊塗《こと》しようとする、この欺瞞《ぎまん》に満ちた発言が、日本占領統治の最高司令官から発せられたということは、日本にとって禍《わざわい》の元凶であったと言っても過言ではない。真実を隠蔽《いんぺい》するこの言葉を「史実」と見なしてはならないのである。

また、日本国民の自由な意思表明の問題に絡《から》んだ、GHGのもう一つの政策を付け加えておかねばならない。GHQは私信・新聞・書籍などの検閲を実施し、削除や出版物の没収を行なった（江藤淳『閉された言語空間　占領軍の検閲と戦後日本』）。その検閲対象には、「連合国軍最高司令官批判」、「極東国際軍事裁判批判」、「GHQの行なった検閲制度に対する批判」などの二九項目とともに、「GHQによる憲法起草に対する批判」が含まれていたのである。このように、「言論の自由」を封殺したことは民主主義に反する重大な誤りである。言論弾圧の元凶である治安維持法を廃止させたのはGHQの功績であるが、他方で「GHQの治安維持法」を作って言論統制を断行したのである。GHQが我が国に民主主義と「言論の自由」を命じながら、言論統制という反民主的手法をみずから強行した事実は、看過《かんか》できない「現憲法誕生の汚点」と言わねばならない。

日本国民の意思は反映されていたか

以上のようにGHQの制定手続きに重大な過失があった一方で、GHQが改正案起草の際に、日本国民の考えを参考にしたり、採用した形跡のあることが明らかになっている（佐藤達夫前掲書第二巻）。

日本国内では、GHQの起草以前に発表されていた改正案は、かなりの数に上っている。目ぼしいものとしては、日本共産党案、日本自由党案、前出の「憲法研究会」の案、大日本弁護士聯合会《れんごうかい》案、高野岩三郎私案、稲田正次案、清瀬一郎案、里見岸雄案などが挙げられる。これらの案の内容を見ると、最大の懸案事項である天皇条項については差異があり、共産党案と高野岩三郎私案は天皇制を廃止して共和制を主張し、自由党案とそのほかの案は帝国憲法の理念を基本的に維持するものであった。

これらに対して「憲法研究会」の草案は、日本国の統治権は日本国民より発すること、天皇は国政を親《みずか》らせず、国政の一切の最高責任者は内閣とすること、天皇は専《もっぱ》ら国家的儀礼をつかさどることなどの原則を掲げていた。そして、この案が内閣とGHQに提出された。

GHQはこの憲法研究会案を検討し、参考にしたとされる（高柳他前掲書I）。ケイディス行政部長、ハッシー海軍中佐とともに民政局における改正案起草の責任者であったラウエル法規課長の注意を引いたのが、この「憲法研究会」の案であった。したがってGHQは、ごく一部ではあったが、日本国民の考えを参考にしたと見なしてよいと思われる。

ただし、国民主権の原理や、天皇は内閣の助言に基づいて機能することなどは、「SWNCC—二二八」にすでに示されていた方針であり、「憲法研究会」の独創的見解ではないことに注意せねばならない。

また、天皇条項の「象徴」という表現は憲法研究会案にはなく、イギリス憲法を学んでいたケイディス、ラウエル、ハッシーらが話し合って明文化したものとされる（高柳他前掲書Ⅱ）。なおこの点について、憲法学者・西修《にしおさむ》駒澤大学名誉教授は一九八五年に、〈天皇〉の章を担当したネルソン陸軍中尉から直接聞き取りをしている（『憲法改正の論点』）。その際ネルソンは、「象徴」の語は、イギリスのウォルター・バジョットの名著『英国憲法』の記述を参考にしたと証言しているので、発案者はネルソンのようである。

なお、第九条の基になった、マッカーサー・ノート第二項の「戦争放棄」は、「ＳＷＮＣＣ—二二八」には何ら明示されていない。憲法調査会の渡米調査団に対し、当時の国務省日本課長であったボートンは、マ草案を見たとき、この条項は意外であって、関係者は大いに驚いたと語り、ラウエル、ハッシーらもマ・ノートをみて非常に驚いた、と語っているのである（高柳他前掲書Ⅱ）。

ところが、この項目が入れられたのは、昭和二一年一月二四日に行なわれた幣原首相とマッカーサーとの会談に由来し、幣原の提案によるものとされている。マッカーサーは、昭和二六年の米国上院での証言や、回想記、さらには高柳賢三の質問への回答の中でも、「幣原が戦争を禁止する条項を憲法に入れるようにと提案した」「首相の提案に驚愕したが、心から賛成であると答えた」と語っている。幣原自身も報道関係者に対して、戦争放棄の規定は自分の提案によるものであると語っており、のちの回顧録『外交五十年』の中でも明らかにしている。

以上の資料による限り、第九条は幣原の発案に由来し、それを採り入れたマ・ノートに従って民政局が具体的な憲法条文にしたと考えられる。

以上の経緯を見ると、マ草案が成立するまでに、ＧＨＱの進め方に重大な落度があった反面で、日本側の意向が一部採《と》り入れられた点があったのも事実である。

かくて、マ草案はポツダム宣言の条件を満たすものであり、連合国の方針として示されたものなので、政府原案は国民主権、平和主義、基本的人権の尊重などの基本原則を必ず取り入れたものでなければならない、と日本政府に通告された。その際には、日本政府に対する「命令」ではないことを匂わせつつ、「勧告」として提示されたが、受諾しない場合には、天皇制度を保障することはできないなどと述べ、事実上は，受け入れを強圧的に迫るものであった。

ただし、マ草案を基にした日本政府の改正案ができるまでに、細部において政府の意見が反映された修正箇所もあった。例えば、マ草案にあった議会の一院制は二院制に修正されて、参議院の緊急集会が付け加えられ、家族に関する条項、封建制度の廃止などの条項は削除された。そして、日本政府とGHQが同意した結果出来上がった「憲法改正草案要綱」が、二一年三月六日に内閣から報道機関に配られ、国民に発表されたのである（佐藤達夫前掲書第三巻）。

そして普通選挙制による総選挙の結果、日本自由党と日本進歩党による連立内閣である吉田茂内閣が成立した。吉田内閣によって提出された改正案を審議した衆議院は、国民に選出された議員から成っていたので、一応「SWNCC―二二八」に従っており、この点については正当な手順を踏んでいると言える。

ところが、帝国議会での審議の最中に、政府の説明をGHQがチェックし、何度も政府と話し合いが行われた。また、議会での修正案についてもGHQと協議する必要があり、常にGHQの監視下にあったのが実態であった（佐藤達夫前掲書第四巻）。

では、議会での、重要と思われる修正点を挙げてみる。先ず、芦田均小委員会の修正案によって、「前項の目的を達するため」を第九条第二項に付け加えたことである。ところが、この追加が、自衛隊の法理的根拠について今日まで絶えることのない論議の要因となっており、この問題は第三章で詳述する。さらに、「憲法研究会」の案が採用されて、「すべて国民は、健康で文化的な最低限度の生活を営む権利を有する」が追加され、そのほか教育を受けさせる義務、勤労の義務、納税の義務などが付け加えられた。

ところで、日本側の自由な意志表示に関わる問題で、重視すべき事実がある。それは、帝国議会審議中における極東委員会の動きである（佐藤達夫前掲書第四巻）。

極東委員会は昭和二一年一〇月に、四月の衆議院総選挙に際し、「憲法改正草案要綱」が選挙の真の題目となり、選ばれた議員が国民から明白な委任を得ていると言い得るだけの十分の時間的余裕をもって国民の前に提示されなかった、と見なした。すなわち、改正手続きが極東委員会の指針で示された〈日本国民の自由な意思の表明〉に当るかどうかについて、疑義を提起したのである。

そのため、新憲法が日本国民の自由意思の表明であることを確かめるために、昭和二二年五月に施行されてのち一年後二年以内に、日本の国会及び極東委員会が再検討する機会を設けることを決定した。そしてこの決定は、二二年一月に日本政府に通達され、三月の新聞で国内に発表されたのである。

この極東委員会の決定は、手続き上の過失を補正する適切な方針であり、高く評価すべきである。ところが、その一年後にGHQから日本政府に再検討の示唆がなされた際に、「再検討するためにはもっと長い時間が必要であり、再検討をしない」という政府からの回答があった、とマッカーサーは述べている（佐藤達夫前掲書第四巻）。

以上の経緯を直視するなら、日本側に新憲法見直しの機会が与えられたにもかかわらず、政府・国会は与えられた期限内に見直しの意思表示をしなかったことが判明する。再検討の絶好の機会をみずから断《た》ってしまった日本人の現実を受け入れなければならないだろう。

参考までに付け加えると、「憲法改正草案要綱」に対する毎日新聞（昭和二一五月二七日付）のアンケート結果によれば、象徴天皇制に賛成するものが八五％、戦争放棄に賛成するものが七〇％であった（佐藤達夫前掲書第三巻）。一つの世論調査だけで断定することはできないとしても、おおよその傾向として、国民が新憲法の基本原則を支持していたと見なしてよいと思われる。

日本国憲法制定過程の実相を総括する

以上の現憲法制定の経過に鑑《かんが》みるなら、次のようにまとめることができるだろう。

（1）原理的に考察すれば、現憲法は「我が国の主権に基づく憲法制定権力」が発動されて成立したものでなく、「連合国の憲法制定権力」によって成立したものであり、連合国による「押し付け」である点は確かである。

ただし、それは連合国の無法な要求ではなく、その淵源に帝国憲法改正の必要性を示唆していたポツダム宣言があり、敗戦国となった我が国がそれを受諾し守る義務が発生したためである。

また、占領下にあった我が国は、ポツダム宣言に関する連合国の回答に基づき国家主権を喪失していたので、条約に則《のっと》り、「連合国の憲法制定権力」に従わざるを得ず、現憲法は法理的に有効と考えられる。

（2）改正自体は有効であるが、改正手続きに関してGHQは、日本国民の意思を尊重することなくみずから草案を起草するなどの、アメリカ本国政府の指針に違反した反民主的手法をいくつか採《と》っており、誤謬《ごびゅう》を犯していた。しかも、ＧＨＱによって憲法が起草されたことに対する日本国民の批判を封殺し、言論統制を強行したことは、民主主義に反する重大な過誤であった。

（3）日本政府による改正原案作成の段階で、日本側の意思表明が認められたが、それはあくまでＧＨＱの方針の枠内であり、ＧＨＱ草案の部分的修正にとどまった。

また、帝国議会の改正案審議において、国民によって正当に選出された議員から成る衆議院を含む帝国議会の意思表示が基本的に保障されていたが、その審議内容は常にＧＨＱの監視下にあり、制限されていた。

衆議院総選挙において、改正草案についての国民の意向を明確に問わなかったという過失を補正するための、国会による再検討の機会が制定後に極東委員会から与えられたが、政府も国会も再検討の意思を示さず、新憲法を容認した。

以上のように、現憲法制定に関わる歴史的事実を正しく認識することが必要であり、「憲法の出自《しゅつじ》」を不問にするべきではない。現憲法の生い立ちを学ぶことは、今日私たちがこの憲法をどう捉え、それにどう対処すべきかを考えるための重要な素材となるからである。

3 「憲法制定権力」が憲法の「正統性」を決定する

「国民主権による憲法制定権力」を行使し、「正統的憲法」の創設を

「憲法制定権力」の本質をどう解釈するかについては、政治学者や憲法学者によって多様な学説があり、一義的に確定できない要素があるとされる（佐藤幸治『日本国憲法論』）。したがってここでは、原理的解釈にこ

だわるのではなく、現実論に立ち、現憲法成立に際して「憲法制定権力」が現実にどのように作用したのか、またその実相に対して今日の私たちはどう対応すべきか、という点に照準を合わせて考えてみる。

現憲法の成立過程をつぶさに見通すなら、最も根本的な問題は、原案作成や原案審議に際して日本側の意向が反映されていたとしても、それはあくまで部分的な修正にとどまっており、GHQという「外国の憲法制定権力」によって草案が書き上げられ、それに束縛されたという、動かしがたい事実である。憲法制定の本源にあるべき「日本国の主権による憲法制定権力」が発動されていないという事実が消滅することはないのである。したがって日本国民は、「日本国の主権による憲法制定権力」を今でも保持していると考えられるのである。

ただし、「憲法制定権力」を実際に行使するには、困難な問題がある。それは、現憲法を破棄して新たな憲法典を創《つく》り出すための手続きが現憲法には存在しないことである。つまり、「憲法制定権力」は憲法の外にあって憲法を作る力であるから、実定法上の権力ではない。したがって、「憲法制定権力」を行使するには、フランス人権宣言や大日本帝国憲法が創《つく》られた時と同じように、武力革命という超法規的措置によって制定する以外に方法はない。しかし、そのような方法が今日、現実的に不可能であることは明白である。

そうであるならば、現実の実定法に規定のある「憲法改正」の手続きによるほかはないと考えられる。現に、「憲法改正権力」の本質については、いくつかの説があるが、最も説得力があるのは、「憲法制定権力」と同質と見なすものである。その場合、「憲法改正権力」は「法制度化された憲法制定権力」と解釈されるのである（佐藤幸治前掲書）。この理論に基づくなら、法源的に日本国民に「憲法制定権力」があるとしても、現実的には「憲法改正権力」の行使になると考えるのが妥当であろう。

憲法には、創出する者の自主性・自律性を基盤とした「権威」、すなわち「正統性」が確立されていなければならない。ところが現憲法は、「外国の主権による憲法制定権力」によって成立したものであり、「我が国の国民主権による憲法制定権力」によって成立した憲法ではないがゆえに、立憲主義に基づく「正統的憲法」ではない。したがって、今日私たちは、日本国民の自律性を基盤とした「憲法制定権力＝憲法改正権力」を発動して、「正統的憲法」を創設する権利を確実に保持しているのである。

ここで、「知の巨人」と呼ばれる、ドイツの文豪ゲーテ（一七四九～一八三二）の箴言《しんげん》を付け加えておこう

「およそこの世のもので、自分自身の力で立っていない権力ほど、はかなくうつろいやすいものはない」（関楠生訳『箴言と省察』―『ゲーテ全集13』）。

自分自身の力で立っていない権力は、脆《もろ》く衰えやすいのである。「憲法制定権力」についても同様である。確かに、現憲法は七〇余年間一度も改正されることなく、戦後日本の国家基本法として機能してきた。しかし、「外国の憲法制定権力」によって生まれた憲法は、自律性の欠如している事実が厳然として内蔵されており、いつまでも付いて回る。したがって、「正統性」のない憲法は、原理的に〈はかなくうつろいやすい〉のである。

含蓄のあるゲーテの言葉を哲学的に言い換えたのが、近代ドイツの哲学者・ヘーゲル（一七七〇～一八三一）である（上妻精他訳『法の哲学　下巻』―『ヘーゲル全集　9b』、一部中略）。

「国内体制はア・プリオリに与えられるものではない。それは何世紀にもわたる労苦の結果であり、理念であり、ある民族において発展させられているかぎりでの理性的なものの意識である。民族は自己の法についての感情と自己の状況についての感情をその憲法としなければならない。そうでなけれ

ば、憲法は外面的に現存しえたとしても、それには、意味も価値もないのである」

日本国憲法はGHQによって、〈ア・プリオリに〉〔経験に基づかない認識によって〕与えられた。しかしヘーゲルによれば、憲法は〈ア・プリオリに〉与えられるものではない。歴史的に積み重ねられた理念が民族の内面に現存するところに価値がある。ヘーゲルの説示は、約二百年後の今に蘇《よみがえ》って、私たち日本人を照射する光線と化しているのである。

我が国へ視線を移せば、劇作家・評論家であった福田恆存《つねあり》（一九一二〜九四）は、今から五五年前にこう断じていた（『當用《とうよう》憲法論』―『福田恆存全集　第六巻』、原文の旧漢字は新漢字に変えてある）。

「独立国に非《あら》ざるものに、憲法を制定する権利も資格もあり得ない」

「断言しても良い、現行憲法が国民の上に定着する時代など永遠に来る筈はありません」

「憲法の権威を確立する為には、一日も早く当用憲法の無効を認め、これを廃棄するに若《し》くはありません」

現憲法有効論を支持する私見に立つなら、福田の無効論・廃棄論には賛同できない。しかし、独立国としての「憲法制定権」が発揮されたものでない憲法は永遠に定着するものではないので、憲法の権威を確立し、新たに憲法を制定すべきであるとする福田の主張は、透徹した眼力の発露である。

そして福田恆存の精神を継承しているのが、評論家・西部邁《にしべすすむ》（一九三九〜二〇一八）である。西部はこのように主張する（『わが憲法改正案』、一部中略）。

「日本国憲法が占領軍の『押し付け憲法』であることは議論の余地がない。しかし、その『押し付け』をすすんで受容したのは日本の政府であり国会であり、そしてそのような政府・国家を支持したのは日本の国民である。『押し付け』の問題は、憲法の性格として論じられる前に、そのような『押し付け』を喜んで受容したのみならず『押し付け』の張本人である占領軍が引き上げたあともそれを『押し頂いている』ような国民は、そも如何《いか》なる性格をもっているのかというふうに論じられるべきであろう。つまり、日本人の憲法への取り組み方が主体性を欠いているということだ」

西部の喝破《かっぱ》した〈押し頂き憲法〉は、現憲法の実体を鮮明に照らし出している。そして主体性を喪失した日本国民の悪しき習性を厳しく批判した西部は、さらにこう続ける。

「日本国憲法が『上からの革命』としての『押し頂き憲法』であったという点を明らかにし、次に、『下からの革命』としての『自主制定憲法』を新たにつきつける、というふうに展望するしかないのではないか」

自主・自立と〈下からの革命〉を説く西部の提起は、鋭利な刃《やいば》として私たちに迫ってくるのである。そして、「我が国の民族的固有性に基づいて、日本の憲法を創造する権利を有する」という三島由紀夫の主張は、ゲーテ、ヘーゲル、福田恆存、西部邁らの見解と根底で相通じており、正論と言うべきである。

先に指摘したように、現憲法制定の過程には、外国の主権によって作られた「非正統性」だけでなく、GHQによる手続き上の過誤という「非正当性」が含まれている。このような「根本的欠陥」と「付随的欠陥」を克服するために、「日本国の主権と憲法制定権力」を基盤とした「正統的憲法」を創設する権利があることを、私たちは自覚する必要がある。「国民主権による憲法制定権力」を行使するという立憲主義の正道に立ち返り、私たち国民一人一人が現憲法をどう評価し、どう対応すべきかを、自主自立の精神に立脚して考えることが大切である。これが「国民主権」の原理を生かし、民主主義の理念を体現することになるのである。

憲法における「言語」と「国家の自立性」との関係性

三島由紀夫は、現憲法は、直訳まがいの、日本語として醜悪な文体を持ち、文字通りの継受法として何らの内発性なしに与えられ、教育によって浸透するように、あとから内発性の擬制を作られたものである、と看破《かんぱ》した（「問題提起」）。

このような現憲法における文体の醜悪さと内発性の欠如は、帝国議会での憲法改正案審議の際にすでに鋭敏に見抜かれていた。南原繁東京帝大総長は、改正案の構造と文体を問題視し、我が国の自立性の欠如を指摘した（清水前掲書第一巻、一部中略）。

「草案を一読する者は何人《なんぴと》も、其の構造に於《おい》て又表現形式に於て、是《これ》までに我が国の立法例に嘗《かつ》て見られなかった程の外国調に満ちて居《お》ると云うことを感じないものはございませぬ。現行憲法はプロシャに其の範を取っておりまするけれども、我々の先輩は之《これ》を日本のものとするが為に、どれだけ努力を払いましたことでありまするか。之を其の儘《まま》独立国家たる日本の憲法として、我々が子孫後代に伝えるに足る形式を果して持って居るかどうか、吉田総理大臣にご説明を願いたいのであります。事は独《ひと》り文体と其の構造に関する問題に止《とど》まりませぬ。それはやがて精神と内容に関係した部分がございます」

ところが吉田首相は、「国民の自主性、国民の要求を十分取り入れた考えであります」と、欺瞞《ぎまん》的な答弁をしただけであった。

言語は歴史的に伝承されてきた文化の中核であり、国民の社会生活・精神生活の根幹を成す重要な要素である。南原は、〈外国調に満ちた文体〉を極めて憂慮し、文体・構造の問題で済むものでなく我が国の独立性が失われており、民族や国民の〈精神〉に関わる根本的な問題と捉えた。カント、フィヒテの研究者でもあった南原の、道理にかなった主張を、今日の私たちは真摯《しんし》に受けとめるべきであろう。

そして南原の発言の一九年後に、福田恆存は条文の英文と日本語文を比較分析したあと、日本語文は〈心も表情も感じられない悪文〉であると断定し、こう主張した（前掲書、一部中略）。

「現行憲法の各条項はすべて死文の堆積です。これを孫子の代まで残すことによつて、彼等の前に吾《われ》ゝの恥を曝《さら》すか、或《あるい》はこれによつて彼等の文化感覚や道徳意識を低下させるか、さういふ愚を犯すよりは、一日も早くこれを無効とし、廃棄することにしようではありませんか」

先に述べたように、私見は現憲法の無効論・廃棄論を採《と》らないので、「憲法改正権」を行使すべきであると考える。ただし福田は、条文が〈言語〉の問題であるばかりでなく、国民の〈文化感覚〉や〈道徳意識〉という根本的な問題に関わることを、鮮鋭に射抜いていたのである。

特に前文がこのようになった要因は、GHQによる憲法草案作成の経緯を見れば明らかである（高柳他前掲書I）。憲法起草の運営委員会において、ホイットニー民政局長は、国連憲章を念頭に置いて起草すべきであると述べている。そして出来上がった草案は、アメリカ憲法とアメリカの政治思想のほとんどすべてを反映していること、またヨーロッパ諸国の憲法・憲章にも注意を払ったことを、マッカーサーに報告しているのである。

西修は、日本国憲法前文と外国の歴史的文書との比較を行なって、この証言の正しいことを具体的に証明した（前掲書）。

・アメリカ合衆国憲法（一七八七年）

「われらとわれらの子孫のために自由の恵沢を確保する目的で、アメリカ合衆国のために、本憲法を確定する」

・前文

「われらとわれらの子孫のために、（略）わが国全土にわたって自由のもたらす恵沢を確保し、（略）この憲法を確定する」

――

・大西洋憲章（一九四一年）

「すべての国のすべての人類が恐怖及び欠乏から解放されてその生命を全《まっと》うすることを保証するような平和が確立されることを希望する」

・前文

「われらは、全世界の国民が、ひとしく恐怖と欠乏から免れ、平和のうちに生存する権利を有することを確認する」

前文が合衆国憲法及び大西洋憲章の写しであることは、一目瞭然である。そのほか前文の三カ所に、アメリカ独立宣言（一七七六年）、リンカーンの演説（一八六三年）、テヘラン宣言（一九四三年）の文章が取り入れられていることを具体的に提示した。西修は、前文が国際的文書のつぎはぎであることを立証したのである。

私たちは、三島を始めとして、南原や福田のすぐれた洞察を受けとめ、改めてじっくりと前文を読み直すべきであろう。

「憲法制定権力」に関する憲法学者の見解に反論する

ここで、「憲法制定権力」に関する、憲法学者の見解に照明を当てる。先ず、二人の対談を取り上げる（樋口陽一／小林節『「憲法改正」の真実』）。

樋口陽一東京大学名誉教授は、「『憲法制定権力』は憲法学の要《かなめ》と言ってもよいほど重要です」と前置きしたあとで、このように語っている。

「憲法制定権力の輝かしい先例がフランス革命であり、旧体制を粉砕し、一切の手続きによらずとも、憲法制定権力の持ち主である国民が望んだものが憲法になる」

「憲法制定権力はそれ自体が抜き身で動き始めると立憲主義を破壊する力を発揮しますが、できあがった新しい法秩序の頂点に居場所を見つけると、自分より一段下の憲法改正権のやれることを限界づけることによって立憲主義と結びつくものになる」

これは、「憲法制定権力」の本質についての有益な論述である。ところが樋口は、憲法学者・宮澤俊義（一八九九〜一九七六）の論文「憲法の正当性ということ」の中の〈うまれ〉と〈はたらき〉というレトリックを引用して、宮澤を支持し、要旨このように語っている。

今の時代、〈うまれ〉や素性を云々《うんぬん》して、その人の価値を論ずることはよくない。何を基準にものを考えるべきかといえば、その人が成す物事、つまり〈はたらき〉である。日本国憲法は、立派に我々の望む生き方を支える社会の基盤として、良い〈はたらき〉を見せているので、〈うまれ〉にこだわって、正当な憲法と言わないのはおかしい。

しかし、樋口が引用した宮澤の理論は、精緻に検討する必要がある。憲法の〈生まれ〉を問う必要がなく、〈はたらき〉がよければ〈正当性〉はあるという宮澤の見解は、いかにも説得力がありそうに見える。だが、これに対して疑いの目を向けねばならない。確かに、人間ならば、〈うまれ〉を問うべきでなく〈はたらき〉が大事である。しかし、「人間」と「憲法」は次元の異なる存在である。人間は自然的・生命的存在として生まれ、社会的存在となる。一方、法は人間の社会生活を維持するために人間が作った規範の体系であり、憲法は国家体制の基本的法体系である。したがって、人間によって生み出された憲法には、原理的に正当な根拠がなければならない。憲法の制定主体が自国なのか外国なのか、また国民主権によって制定されたのかどうかは、根本的な問題なのである。自然的存在である人間と違って憲法は、そのよって来たる〈うまれ〉には、自主性・自律性に基づいた「正統性」がなければならない。〈はたらき〉は勿論重要であるが、〈うまれ〉も同等に重要な要素なのである。

既述のように、宮澤は幣原内閣の「憲法問題調査委員会」のメンバーであった。新憲法制定後宮澤は、欽定憲法である明治憲法の定める改正手続きで、天皇統治の神権主義〔天皇統治の権威は神の意志に由来するという考え〕という根本原則を変更することは法律的に不可能である、と唱えた。したがって、ポツダム宣言の受諾によって「国民主権」を定めたのは、非合法的な憲法の変革であり、〈法的意味の革命〉によるものであると主張した（『日本国憲法生誕の法理』―『憲法の原理』）。いわゆる「八月革命説」である。

「革命説」の点で、名目的には私見と一致する。ところが、宮澤はその〈法的革命〉を根拠にして現憲法成立の正当性を主張しており、「外国による革命」によって創出されたという「非正統性」には目を覆《おお》っているのである。だから、現憲法の〈はたらき〉を重視して〈うまれ〉を問わないのであろう。この点が私見との根本的相違である。〈うまれ〉を排除し、〈はたらき〉だけに焦点を絞ることは、〈うまれ〉の中に厳然と存在する「非正統性」を隠蔽《いんぺい》することになる。宮澤のように、現憲法の〈はたらき〉のよいことを論拠にして〈生まれ〉を問題視しないのは、通俗論としては通用するかもしれないが、私たちを論理的に納得させるだけの力強さは微塵《みじん》もないと断定してよい。

宮澤の理論を踏襲した樋口は、別の著作『いま、「憲法改正」をどう考えるか――「戦後日本」を「保守」することの意味』の中で、現憲法の正当性をこう説いている。

「人権の普遍性を承認した〈はたらき〉を備える憲法が〈うまれ〉るためには、総司令部という媒介が必要だった。「立法者」としての外国人は、主権者だけが作ることのできる法を賢明なものとするために仕事をする提案者であった」

しかしこれは、マッカーサーの誤謬《ごびゅう》を巧みな言葉で飾って隠蔽《いんぺい》する言説である。歴史の真実が示すように、総司令部は、断じて〈媒介者〉ではなく〈提案者〉でもなかった。その実体は「作成者」であった。外国人が〈立法者〉であることを平然と受け入れることは、樋口が唱える「国民主権」という〈人権の普遍性〉を放棄することになる。しかもGHQは、「日本国民の自由意思によって起草させる」というアメリカ本国の指針に背いて独断で起草し、言論統制など数々の「反民主的手法」を強行するという重大な過《あやま》ちを犯した。良い内容が含まれているとしても、〈うまれ〉の「非正統性」と「不当性」が消え去ることはないのである。

樋口は、憲法学の碩学《せきがく》であり、護憲論者の急先鋒《きゅうせんぽう》である。護憲論を主張する自由があることは言うまでもない。だが、「護憲」にこだわるがために憲法の「出自」を歪曲《わいきょく》し、「憲法制定権力」をないがしろにすることとは、みずからが重視する〈憲法学の要〉に背《そむ》いていることになり、矛盾の極みである。憲法制定の基本原理としての「自律性」と「正統性」を重視しなければならないはずである。

さて、一方の小林節《せつ》慶應義塾大学名誉教授は、「日本国憲法無効論は間違っています」と明快に主張している。先に考察したように、私見は現憲法を有効と考えるので、この点には同意できる。ところが、樋口の「うまれ」と「はたらき」の話に非常に共感するとし、こう発言している。

「制定の過程に文句をつける、『日本国憲法は素性が怪しいんだ』という議論も、おかしな話です。素性がどうあれ、日本国憲法は我々国民の幸福追求の役に立ってきたんですから」

「連合国が事実上、憲法制定権力を行使して日本国憲法ができて、とても良くできた憲法になった。だから、憲法制定権力を握った連合国による押し付け憲法で構わないんです。国民主権と人権尊重と平和主義を基本理念とする日本国憲法は、私たち一人ひとりが幸福の追求ができるように書かれた立派な憲法なのだから」

〈基本理念が立派だから、押し付け憲法で構わない〉と言う小林は、樋口と同様に、自律的な「憲法制定権力」を意図的に放棄している。「憲法制定権力の主体」の問題と「内容の価値判断」の問題とは、明確に区別して論じなければならない。「出自＝正統性」と「内容＝正当性」とは二者択一ではなく、両方とも重要なのである。

また他方で、小林はこうも語っている。

「しかし、この立派な憲法の制定過程で、ひとつ重要な問題が残されてしまいました。名義人である国民大衆は、自分たちで憲法制定権力を行使したわけではないから、憲法をつくったという実感がないのだということです」

小林の指摘は正《まさ》に真実を突いている。しかし、先の主張と明らかに矛盾している。〈憲法を自分たちでつくったという実感〉がないからこそ、このような感覚を一刻も早く払拭《ふっしょく》しなければならないはずである。たとえ良い内容が含まれているとしても、自主的・自律的に「憲法制定権力」を行使して改めて点検をし、その長所・短所を精密に検討することによって、「正統的憲法」を創《つく》らなければならないのである。

改憲派の重鎮とされる小林は一九九二年に、現憲法に削除、修正、追加を行なった憲法改正私案を発表している（『憲法守って国滅ぶ——私たちの憲法をなぜ改正してはいけないのか』）。例えば、第九条については、一項の平和主義を残しつつ、侵略戦争を放棄することを付け加え、さらに自国の独立と世界平和を維持するために自衛軍を保持し、国際貢献を行うことを明記している。九条は曖昧《あいまい》さが残っていることが欠点であるとし、「解釈改憲」ではなく、「憲法改正」が王道であるという小林の提議は、極めて筋の通った改憲論である。にもかかわらず、この対談での発言は、憲法における「自律性」の原理を無視し、結果的に「憲法制定権力＝憲法改正権力」をみずから放棄していることになる。改憲を主張しながら「憲法改正権力」を放棄することは、自壊以外の何ものでもあるまい。

ところが、「憲法制定権力」そのものを根本的に否定する論調もあるので、それも検討しなければならない。憲法学者の長谷部恭男《はせべやすお》早稲田大学教授（元東京大学教授）は、「憲法制定権力」は消去可能であり、この概念がなくとも、現に存在する憲法を記述し、その正当性を論ずることができる、と主張する（『憲法の境界』）。その理由を要約すると、次のようになる。

超実定的政治道徳たる根本規範によって拘束され、その授権を受けた憲法制定権力を想定する立場があるが、しかし、もしそうであれば、憲法典と超実定的政治道徳との整合性を論ずれば足りるのであり、憲法制定権力は無用の長物である。また、現にある憲法が人々の社会活動の調整を達成しているのであれば、憲法として果たすべき役割を果たしている。肝心な問題は、現に実践されている憲法典の内容は何かであって、誰が起草したかは二次的問題であり、憲法制定権力を持ち出すことに独自の意味はない。

この後者の理由付けは、〈うまれ〉よりも〈はたらき〉が大事であるという、宮澤、樋口、小林の見解と見事に一致する。だが、現憲法が、GHQの起草を含めて「連合国の憲法制定権力」によって創られたという厳然たる事実から目を背《そむ》けるべきではない。しかも、「憲法制定権力」を消去することは、革命によって成立したアメリカ合衆国憲法、フランスの人権宣言、大日本帝国憲法などの有効性を否定することになる。また、「憲法制定権力」そのものを消去することによって、「自国の国民主権による制定」という「自律性」と「正統性」をも消去してしまうのである。このような「憲法制定権力無用論」は、憲法の基本的原理そのものを否定するものであろう。

日本有数の憲法学者である宮澤、樋口、小林、長谷部に共通する見解は、憲法の原理を歪曲する異様なものであり、その学問的厳密性が問われるであろう。

なお、樋口と小林によるこの対談の主要テーマは、自民党の憲法改正案や、安倍政権の主導によって成立した「平和安全法制」に反対するために、国民は「憲法制定権力」を用いるべきである、というものである。第三章の「第九条」の項で詳しく論じるが、第九条の解釈改憲を重ねる保守政権の、憲法の規範性を破壊する行為に正当性はない。このような、現実政治における、不当な解釈改憲の動きを批判するために「憲法制定権力」を行使すべきであるとする主張は正当である。

ただ、二人の強調する〈憲法制定権力者としての国民の自覚〉は、憲法問題を考える私たちを覚醒させる助言となる。なぜなら、私たち日本国民は〈憲法制定権力者〉として、護憲の立場なら「改正を阻止する権力」を、改憲の立場なら「改正する権力」を発動できることを〈自覚〉すべきだからである。私たち一人一人が〈憲法制定権力者〉として、多様な見解を比較検討しつつ、「護憲」、「改憲」のどちらを取るべきかを自分の力で考え抜くことが肝要なのである。

以上は現憲法の「出自」に限定した見解であり、「内容」とは別の問題である。「内容」については、すぐれた点が認められるが、反面で欠点も指摘されている。したがって、「憲法制定権力＝憲法改正権力」を行使する際には、「内容」の長所・短所について、精密な検討が求められるのである。「内容」についてはこのあと、逐次論じることとする。

第二節　なぜ憲法論の前提に国家像が必要なのか

1　現憲法における「日本」の欠落と世界の憲法との比較

第一章で見たように、三島由紀夫は、「憲法」を考える前提に「国家」の問題を考えることが必要であると強調した。憲法が「国家の根本法」であることを顧慮するなら、憲法の前提に「国家像」がなければならないとする三島の主張は、根本的な問題提起と言える。

では、現憲法において、どうして「日本国家像」が欠如することになったのであろうか。

それはＧＨＱの憲法草案作成の意図と連動しているのである。ＧＨＱによる、憲法改正に関する準備的研究は、天皇の統治権の実態、民主主義の欠如、市民の権利の保障されていないことなど、帝国憲法の弊風を除去することの必要性を指摘していた（高柳他前掲書Ⅰ）。そこで、起草の際に、ホイットニー局長は国連憲章を念頭に置くとともに、アメリカ憲法やアメリカの政治思想、ヨーロッパ諸国の憲法・憲章などを反映させた。

以上の事実を見ると、ＧＨＱは帝国憲法の悪弊を排除することを主眼としたため、帝国憲法の基底にある「日本国家の特質」を排斥し、国連憲章や欧米の憲法・憲章に依拠して起草していたことが判明する。

このようなＧＨＱによる草案作成の経緯を見ると、国家の歴史・伝統などが書かれることの多い前文を作るときに、我が国の歴史・伝統に基づいた「国家像」を考慮しなかったのは、当然だったと言えよう。「内からの革命」によって成立した大日本帝国憲法は、「天皇を中心とする国家理念」を中核としつつ、西欧の政治理念を自律的に導入し、融合させた。それに対して、「外からの革命」によって成立した現憲法は、西欧の理念が全体を覆《おお》い、「日本」は排除されてしまったのである。

世界の憲法を概観する

ではここで、世界の憲法に目を通し、前文もしくは前文のない場合は条文を参照することによって、国家像が反映されているか否かを確認する（畑／小森田前掲書）。掲載されている一九カ国の憲法（特殊なＥＵを除く）を、私的解釈により、次の三類型に分類する。

①　宗教もしくは「神」などの宗教的精神を基盤とする国家像——ドイツ、スイス、スウェーデン、デ

ンマーク、ポーランド、カナダ、オーストラリア、フィリピンの八カ国

② 建国もしくは国家再建の理念を基盤とする国家像――フランス、スペイン、ベルギー、ロシア、中国、韓国の六カ国

③ 国家像を明記していない国――アメリカ、イタリア、オーストリア、インド、ブラジルの五カ国

以上の三類型の特徴を分析する。

①のグループの多くは、〈神〉という絶対者の理念が明記されている。またスウェーデン、デンマークは、国王とキリスト教が一体となっている。このグループは、明らかにキリスト教信仰に彩《いろど》られており、憲法の根底に「国家と宗教の結びつき」という国家像がある。

②のグループは、国家の歴史が基盤となっている。建国以来の歴史・伝統、国家再建の理念や、独立の自負と祖国への敬愛が謳われている点で、共通性がある。

③の国々の中で、アメリカは特殊な国である。なぜなら、独立戦争に勝利し一七八三年に独立を達成したアメリカは、八八年に合衆国憲法を発効させた。したがって、「革命」によって憲法が創設され、「憲法」によって「国家」が創設されたのである。この世界最古の成文憲法の前文に、歴史や伝統に裏付けられた国家像が描かれていないのは、当然であった。

以上の考察によって、掲載されているすべての国が「国家像」を明記しているわけではないが、一九カ国の内、①と②を足した一四カ国（七四％相当）が、建国の理念や歴史、伝統、宗教などを大前提にして憲法が作られていることも明白な事実である。

では、参考までに、この書に掲載されていない国々も概観する。イギリスは単一の憲法典を持たないが、

憲法的基本法令として、「マグナ・カルタ」（一二九七年）、「権利章典」（一六八八年）、「王位継承法」（一七〇一年）、「議会法」（一九一一年）などがいまだに生きている、稀有《けう》の国である（江島晶子「イギリス　解説」―初宿《しやけ》正典／辻村みよ子編『新解説世界憲法集　第４版』）。国王と人民・議会との対立の結果としての調和の理念が歴史的に堅持されており、国家・国王とキリスト教（イングランド教会）の一体化が基盤となっている。「国家」と「歴史」と「宗教」が、イギリスの憲法的諸規範の根幹を成しているのである。

さらに中東諸国の憲法を見ると、イランでは、イスラム教の最高指導者が国家の最高指導者であり、イスラム教・シーア派が国教である（西修『各国憲法制度の比較研究』）。そのほか、アラブ首長国連邦なども、イスラム教を国教としている。成文憲法のないサウジアラビアの場合は、王国全体を律しているのはイスラム教の聖典コーランであり、国王は国家の宗教的指導者である。中東諸国の多くは、国家と宗教が一体化しているのである。

イギリスとこれらの中東諸国を、先のグループに分類するとすれば、イギリスは①と②の両方に当てはまると考えられるが、とりあえず②に入れることとする。また、中東諸国が①に入ることは明らかであろう。

参考にした、以上の文献のほかに、世界の憲法の前文を調査した詳細な資料が存在する。それは、二〇〇〇年に我が国の衆参両議院に設置された「憲法調査会」による調査報告書である（中山太郎衆議院憲法調査会長編『世界は「憲法前文」をどう作ったか』）。

それによれば、先に取り上げた国々を除いた三六カ国を上記の三グループに分類すると、①にインドネシア、チュニジアなど八カ国、②にタイ、トルコなど二〇カ国、③にフィンランド、アルゼンチンなど八カ国が該当すると考えられる。

その結果、調査資料のある計六三カ国の内、①のグループの合計が二三カ国、②の合計が二七カ国、③の合計が一三カ国となる。したがって、①と②の合計は五〇カ国であり、調査対象国全体の七九％に相当する。世界のすべての国を調べたわけではないが、趨勢として、建国の理念や歴史・伝統・宗教などの「国家の特質」を基盤とした憲法が世界的に大多数を占めていると判断してよいであろう。

以上の世界的観点から見るならば、世界の憲法は画一化されているわけではなく、国家の成り立ち・文化的特質などに根差して作られている現状を目の当たりにすることができる。世界の現実を正視するならば、国民主権や議会主義などの普遍的理念が盛り込まれているだけでなく、それぞれの国の歴史・伝統・文化などの「特殊性」が反映された、多彩な憲法状況の実態が明らかになるのである。

2 「私の日本国家像」を提示する

憲法の中に「日本国家像」を謳《うた》うべきであるとしても、それを確定することは、極めて困難な営みである。なぜなら、国家像は国民の考え方によって様々に異なる、複雑なテーマだからである。この点を自覚しつつ、三島由紀夫の提起に触発されて、私の描く日本国家像を以下に提示する。国家を客観的に考察するだけでなく、自分と国家との現実的関わりも視界に入れながら、主観的な省察も付け加える。

近代国家を客観的に定義すれば、領土、国民、統治組織（政府）を持ち、対外的・対内的に主権を持つものとされる（猪口孝他編『政治学事典』）。また国際法上、国家であるためには、永続的住民、一定の領土、政府、他国との関係を取り結ぶ能力の四つの要素が必要である（杉原高嶺他『現代国際法講義〔第5版〕』）。ただし、この政治学的・国際法的定義は抽象的なので、国家を成立させる要素の一つである「国民」の視点から、具体的に分析する。そのために、日本国民の一人である自分と日本国家との関わりを、現実の生活体験の中で振り返ってみる（拙著『三島由紀夫の国体思想と魂魄』）。

自分と国家との関係を主観的に見つめるならば、国家には二種類の基本的な機能が立ち現れてくる。

第一に、「法的・政治的・経済的関係」がある。

国家によって定められた法規範は、自分の行動を規制するとともに、自分の自由や権利を保障してくれる。同時に自分の生命・身体・財産は、法律と警察・自衛隊・裁判所などの国家機関によって守られている。国家は自分の生存・自由・権利を保障してくれており、法的機能は国家の最も基本的な機能である。

また、国民主権の原理によって、国民の代表者である国会議員を選出し、その信任によって成立する内閣を中心とする行政府に国家の政治を委託している。代議制民主主義によって自分と国家との政治的接点があり、政治的機能は国家の大きな役割である。

さらに、義務として租税を納めることによって、社会資本、社会保障など、国家からの様々な恩恵を受けているとともに、国家の経済財政政策は日常の経済生活に影響を及ぼしている。政治的機能と連動した経済的機能は、自分の生活に深く関係する重要な要素である。

したがって、国家には「法的・政治的・経済的機能」がある。

第二に、「歴史的・文化的関係」が浮かび上がる。

自分という生命の血筋をさかのぼれば、日本列島に限ったとしても、日本国家成立以来は勿論のこと、国家がまだ成立していない旧石器時代にまでたどり着くのであり、血脈の連続する歴史的存在である。同時に自分は、過去から現在まで蓄積されてきた言語や文化によって育まれている文化的存在である。国家は国内各地域の多様な文化を包含しており、学問・芸術・道徳・教育などの面で、自分は精神的影響を強く受けている。

したがって、国家には「歴史的・文化的機能」がある。

以上の、実体験に基づく観察に従うならば、日本国家を、「法的・政治的・経済的共同体」と「歴史的・文化的共同体」の融合体として捉えることができる。

その上で、第一の「法的・政治的・経済的共同体」の基本原理として、「君主制」と「民主制」の共立を設定する。「君主制」の観点から見ると、天皇は国家と国民統合の象徴として国事行為を行う「象徴天皇」である。同時に、国家国民の安寧《あんねい》を祈る祭祀と、和歌などの文学・芸術の主宰者・伝承者としての「文化的天皇」として位置付けることができる。

また「民主制」とは、国民主権の原理により、国民の自由と平等の調和を図り、基本的人権や社会権を保障する体制を意味する。

第二の「歴史的・文化的共同体」としての我が国は、天皇を中心として建国して以来、二千年に近い歴史を持っている。また、国家成立以前の縄文時代以降の、宗教・芸術・道徳・慣習などの文化を基層に持ち、北海道から沖縄に至る日本列島全体の多彩な文化を包摂した文化共同体である。

これら二種の共同体を、さらに別の視点から分析する。

「法的・政治的・経済的共同体」における「君主制」は、建国、歴史、伝統という我が国の特質と関わっており、「時間性」と「特殊性」を現す。それに対して「民主制」は、世界的理念の反映であり、「空間性」と「普遍性」を示している。

そして「歴史的・文化的共同体」は、我が国固有の歴史・伝統・文化という「時間性」と「特殊性」を体現している。

したがって、私の描く日本国家像は、「法的・政治的・経済的共同体＝時間性・特殊性＋空間性・普遍性」と「歴史的・文化的共同体＝時間性・特殊性」との均衡と調和を基本理念とするものである。そして、この二種の領域の動的均衡と相互作用によって躍動する有機的共同体である。また同時にこの複合的・有機的共同体は、閉じられた国家ではなく、「法・政治・経済」だけでなく「歴史・文化」の面でも、世界と交流し世界と融和する機能も持たなければならない。

以上の国家像に依拠するなら、憲法においては、「法・政治・経済」の視点だけでなく、国家のアイデンティティの中核となる「歴史・文化」の視点が必要である。

なお、以上の日本国家像はあくまで個人的な試論であって、絶対的正当性を唱えるものではない。幅広い国民による自由な論議のための、一つの叩き台に過ぎない。

3　三島由紀夫と多彩な論者の日本国家像を分析する

引き続いて、三島由紀夫の国家像や、特に目に付いた学者・評論家の国家像を取り上げ、私の国家像と関連させながら、論評してみたい。

先ず、三島由紀夫の国家像と私の国家像とを対比する。

すでに指摘したように三島は、行政権の主体であり、人類的理念と国際協調主義を原理とする〈統治的国家＝政体〉と、天皇の祭祀を中心とする我が国固有の歴史・伝統・文化に基づいた〈祭祀的国家＝国体〉とを調和させた国家像を構想した。そうしてみると、三島の〈統治的国家〉は私見の「法的・政治的・経済的共同体」に相当し、〈祭祀的国家〉は「歴史的・文化的共同体」に相当しており、基本的に共通性があると認めることができる。

ただし、三島の〈祭祀的国家〉に対しては、微妙な相違点を指摘せねばならない。三島にとって、天皇の最も重要な務めが、新嘗祭《にいなめさい》・大嘗祭《だいじょうさい》などの「祭祀」であり、日本国家の時間的連続性を象徴するものであった。しかし、私見の「歴史的・文化的共同体」はもっと広範囲のものを意味する。我が国を時間的に見れば、国家成立以前の縄文・弥生時代からの祈りの精神が連綿と続いており、神道的信仰や天皇祭祀はその延長線上にある。また空間的に眺めても、北方のアイヌ民族や南方の琉球諸島の祭祀などを含めると、多種多様の祭祀儀礼が存在する。確かに、天皇祭祀は中心的位置を占める国家的祭祀であるが、我が国の祭祀文化を全体的に捉えるなら、天皇祭祀は勿論のこと、日本列島全域に及ぶ祭祀儀礼を包括した〈祭祀的国家〉と見なすべきであると考える。

また、祭祀や宗教は文化の一要素である。私見の「歴史的・文化的共同体」における「文化」は、祭祀や宗教だけを意味するわけではない。過去・現在・未来の、すべての道徳・慣習・宗教・芸術・学問などを包括した、広範な文化領域を意味する。

以上が三島の見解との部分的相違点である。だが、「祭祀」と「文化」を重視する三島の理念には共感する。したがって、憲法は〈統治的国家〉と〈祭祀的国家〉との均衡・調和を図らなければならないとする三島の国家観に、基本的に同調する。

ところで、現憲法における「日本」の必要性は、少数の識者によっても唱えられている。

一例を挙げれば、西部邁は思想的観点からこのテーマを深く掘り下げた（前掲書、一部中略）。

「日本国憲法が『問題の憲法』であるのは、それがアメリカの表面を模写したところにあるのだが、そのアメリカ文明が実は西欧の表面を模写するところに成立したものなのである。模写の模写、表面の表面、西欧文明の上澄液《うわずみえき》の純粋培養、それが戦後日本の文明だといってよい」

「総じていえば、イギリスを先達とする西欧は、近代化にたいし、表面における信仰と裏面における懐疑という二重の構えで対処したといえるであろう。それゆえ近代化の速度は、少なくともアメリカや日本とくらべると、漸進的なものにならざるをえなかった。近代化を軽信するものの方がその速度において急進的となりうる。しかしその急進性とは近代化のマイナス面にかんする無頓着のことなのである。

日本国憲法くらいこの軽信を素直に表明しているものも少ない。その体系性や明晰性は近代というものにたいして疑念を抱くことを知らない精神の幼稚さの反映である。その草案を執筆したアメリカ人も幼稚であったが、それを神棚に奉《まつ》った戦後日本人のほうがもっと幼稚であったのだ」

「西欧の少なくとも一部に見られたように、近代は歓迎されつつも拒絶されたという二重性にもっと注目すべきであろう。近代をその平均値でみれば、民主主義や産業主義といったような平板な図柄になっている。しかし総体としてみれば、近代という時代のうちに前近代の伝統を保とうとする動きや後近代の創造に跳ぼうとする動きが含まれていたのである。そうした近代の多面性もしくは重層性をくぐり抜けるのでなければ、真に近代を生きたことにはならない。日本国憲法について批判的に議論するということは、近代という時代のもつ多面性、重層性を思い起こすことである。日本国憲法にかんする論議は、それゆえ、近代文明についての思想論というかたちをとらざるをえないのである」

憲法論を「近代」という思想の問題として捉えた西部の論述は、根本的問題を鋭利に抉《えぐ》り出している。西部に倣《なら》って言い直すならば、三島は、現憲法が「近代」の象徴であるアメリカ思想に支配され、「前近代」という伝統を喪失した点を糾弾したことになる。西部が三島の継承者であることは疑いないであろう。

西部の根元的な論考に学ぶなら、〈近代〉を無反省に信奉するのではなく、批判的に受容すること、また〈前近代〉を単純に全否定するのではなく、そのよきところを継承することが肝要である。それは、〈近代〉本位でも〈前近代〉本位でもなく、〈前近代〉の伝統的価値を生かしつつ、〈近代〉のすぐれたものを積極的に摂取し、〈近代〉と〈前近代〉との均衡と調和を図ることを意味する。換言すれば、「伝統」と「革新」の均衡と調和を目指すことである。このような基本的国家観に基づいて、憲法を構想する必要がある。

ところで、少数ではあるが、憲法における国家観の必要性を説く憲法学者は存在する。百地《もも ち》章《あきら》日本大学名誉教授は、〈「国家論」なき戦後憲法学〉の知的怠慢を論難し、大要こう主張している（『憲法の常識　常識の憲法』）。

「「国家」というものがまず存在し、その国家を前提としてはじめて「憲法」が出現することになる。とすれば、憲法の意味を正しく理解するためには、まず「国家」とは何かを知らなければなるまい。ところが戦後、わが国の憲法学者たちの多くは、国家とは何かということについてきちんと論じようとせず、いきなり憲法とは何かを語る傾向が強かった。国家について説明するとしても、「国民」、「領土」および「主権」によって成り立っているという国家三要素説を紹介するか、国家とは権力機構のことであり、国家イコール悪、国民イコール善とし、国家と国民を対立させて考えるといった単純な発想に立つものが支配的であった。しかし国家とは、単なる抽象的な個人の集合体ではなく、歴史・文化・伝統を背景にもった具体的な国民の有機的共同体である。「国のかたち」をあらわす憲法も、本来の統治の組織・運営のための法規範という意味に加え、その国の来歴や国柄をも表現したものであってしかるべきである」

百地の憲法観・国家観は、私たちを啓発する光を放っている。

また西修は、概略こう提唱している（『憲法改正の論点』）。

「戦後憲法学の最大の問題点は、国家論を欠いた憲法論がなされてきていることである。戦後憲法学の「国家」観は、国家は国民の権利を抑圧するものであり、国家権力から国民の権利を保護することに憲法の意義を求めようとする。しかし、今日の代表制民主主義のもとでは、国家と国民を対立関係で捉えるべきではない。それぞれの国民が、それぞれの立場でいかなる国家を作り上げていくべきかを考えていかなければならない。国家を、みずからの外側ではなく、内側に存在するものとみなすべきである。国家の役割、機能、制度を秩序づけるものが憲法であり、憲法で国家を論じなければならない必然性がここにある。

国家をこのようにデザインする。縦軸として、歴史、文化、伝統という「アイデンティティ」を土台としつつ、個人、家族、地域共同体、地方自治体を包括し、さらに未来へ共生し躍動する「国家」を組み立てる。そして横軸として、「国際社会」と「自然環境」を設定し、国際社会との共存・平和構築と、自然環境の保全を図る」

西の描く「日本国憲法の家」は、国家の特質・アイデンティティを基盤としつつ、各種共同体を包括するとともに、国際社会も視野に入れており、国家を立体的・総合的に構築している。西は、百地と基本的に共通の立場を取っており、さらに、三島・西部の理念を継承するものと見て取れる。また、〈自然環境の保全〉を規定したところに西の私案の特色が現れている。「自然への畏敬」と「自然との共生」が日本人の精神の伝統であることを考えるなら、このような国家の特質・アイデンティティを生かした規定を設けたのは、注目に値する提案である。

4　近代思想信仰と偏向した国家観に反駁《はんばく》する

それでは、前出の憲法学者・樋口陽一の所論に目を通してみる。樋口は「国民」と「国家」をこのように説明している（『憲法と国家』、一部中略）。

「『近代国民国家＝Nation state』における『国民＝nation』の意味を問題にしなければならない。nationが、自然の存在としてのethnos（エトノス〔民族〕）なのか、人為の産物としてのdemos（デモス〔市民〕）なのか、この区別は何より大切である。

『国民国家』の内部では、国民＝デモスは、社会契約の論理によってつくりあげられたものであり、自分をつくりあげる諸個人から出発する。国民＝デモスの国家は、人権主体として解放された個人と論理的に整合する。他方で、国民＝エトノスの国家はエスニシティ〔民族性〕単位の実在を前提とするから、それに包みこまれる個人を、潜在的にであれ現実にもであれ、抑圧するものとなる。

『国民国家』のあいだの関係では、国民＝エトノスの国家は、内在的に重大な矛盾をかかえこむ。『民族自決』のため領土を主張するとしたら、ほかのエトノスも同じことを要求するだろうから、限りのない領土の細分化という悪循環におちいり、『民族浄化』にゆきつくことになる。国民＝エトノスの論理は、このように『国民国家』のあいだの共存を妨げる。
『エトノス』としてのひとつの『国民』をまるごと『国民国家』に編成しようという企ては、現実上だけでなく、倫理上も成り立たない」

ここに樋口の国家観・国民観が明瞭に示されている。自然の存在としての「エトノス＝民族」と、人為の産物としての「デモス＝市民」とを対立軸として設定し、「国民」を「デモス」に限定している。しかし、これは一面的な見方である。「デモス」と「エトノス」は対立するものではない。確かに、近代以降においては、社会契約や法によって国家は成り立っており、「国民」は「デモス」として生きているが、社会契約や法が「国民」のすべてを規定しているわけではない。現実の「国民」は、歴史的・文化的存在として「エトノス＝民族」の一員でもある。したがって、「デモス」と「エトノス」は、対立する存在ではなく、「二者択一」の存在でもない。両者は両立できるのである。

この点を、実際の「国民」はどのようにして生まれ、どのように存在しているのか、その実相を考察することによって論証してみよう。そもそも、国民の一員としての個人は、初めから独立した存在としての「デモス＝市民」ではない。両親（家族）という共同体から生まれ、さらに地域共同体・市民共同体・民族共同体などの多様な共同体の中で生きている。そして近代国家は、個人を含むすべての中間的共同体を包括している。したがって「国民国家」の「国民」は、論理的に「個人」から出発したとしても、現実生活においては、「単独の存在」ではなく、多様な共同体の中で生きている「多重的存在」である。そして「国家」は、これらの多重的共同体のすべてを包摂しているのであり、単なる「デモス」の集合体ではない。「国民国家」

の「国民」とは、「中間的共同体を包摂した国家」の中で生きている「国民」なのである。

次に、エトノスの国家は民族単位の実在を前提とするから、それに包みこまれる個人を抑圧するものとなる、という所見に対しても、疑義を呈せざるを得ない。

民族を包含した「国家」が個人を抑圧するということであれば、確かにその実例は枚挙にいとまがない。しかし、国家は常に個人を抑圧し、「悪」を犯すわけではない。アリストテレスとヘーゲルが明察したように、国家の本来の目的は、国民に対して「善」をなすことである（拙著『三島由紀夫の国体思想と魂魄』）。実際に、現代国家は、国民の生命、財産、人権を守り、政治的に国民主権の原理によって国民の主体的な自由を保証し、経済的に経済財政政策や社会保障政策などによって、国民の生活を守っている。また、文化・教育政策によって国民の精神的育成に寄与している。このように、国家の基本的役割としての「善」の要素を正視すべきである。

とは言うものの、ドイツの哲学者・ニーチェ（一八四四～一九〇〇）が、『人間的な、あまりに人間的な』でいみじくも警告したように、国家には個人を抑圧する「悪」の側面があるのも現実である。しかし国家の「悪」を是正できるのは、個人である。個人や個人の集合体である社会集団の自由な主体性によって、国家はより良いものにすることが可能となる。したがって、個人と国家は矛盾・対立することもあるが、すべて対立的に捉えるのではなく、個人と国家との相互作用によって、個人と国家がともによりよい存在へ成長することを図るべきなのである。

ヘーゲルは『法の哲学』において、道徳と法を統合する〈人倫〉の最後の段階である国家は、個人・家族・市民社会を包括するものであり、国家があるから個人の自由がある、と説いた。そして国家の目的は、個人の理性と自由な主体性によって達成されるとし、国家と個人をただ対立・矛盾する関係と捉えるのではなく、国家と個人の弁証法的統一を図ったのである。

そして、我が国の哲学者、西田幾多郎《きたろう》（一八七〇～一九四五）も論文「国家理由の問題」で、個人が国家を作り、国家が個人を作る〈絶対矛盾的自己同一〉として「個人と国家」を捉えた。個人と国家の対立を乗り越える相互関係性によって、国家と個人の調和的統一を目指したのである（前掲拙著）。

ヘーゲルと西田は、個人と国家の対立を克服するために、国家を固定したものでなく、ダイナミックに躍動する有機的共同体と見なした。ヘーゲルと西田の明哲な思想を、私たちは心に留《とど》めるべきであろう。

また、「エトノス＝民族」による国家は民族・国家の対立や「民族浄化」などにおちいるため、「国民国家」の間の共存を妨げる、という樋口の見解に反論する。民族や宗教の対立・紛争が絶えることなく継起している世界の現状を凝視するとき、「エトノス」の存在そのものを否定したくなるのは、わからないわけではない。しかしだからと言って、民族の存在そのものを否定するのは本末転倒である。「民族」そのものを認めたからと言って、諸民族の共存ができないことはない。民族間の融和と共存を図るために、諸民族・諸国家は努力しなければならない。自然状態では個人の間に争いが生まれるので社会契約が成立したように、民族間の争いに対しても、融和・協調の精神と国際契約が必要なのである。

さらに樋口は、「エトノス」としてのひとつの「国民」を丸ごと「国民国家」に編成しようという企ては、倫理上も成り立たない、と主張している。しかし、今日、ひとつの民族を丸ごと「国民国家」に編成しようとする企て自体が非現実的であることは明白であり、批判の根拠にしている前提そのものがそもそも成り立たないと言わねばならない。グローバル化が進んだ近・現代においては、単一民族によって成立している国家は皆無に等しいからである。現に、わが国の成り立ちを見れば、元来日本語を話す本土人に加えて、アイヌ民族や琉球人、さらには外国から移住してきた人々を包括した「多民族国家」である。したがって、「nation（国民国家）」には「統治体制」だけでなく、「言語・歴史・文化」を基盤とした「民族」が含まれているのであり、「エトノス＝民族」の存在を否定することはできないのである。

アイヌ民族を例にとって、この点を立証してみよう。令和元年（二〇一九）に、いわゆる「アイヌ民族支援法」が成立した。アイヌは明治以降の同化政策によって、土地資源や、狩猟・漁労の生業《なりわい》を奪われ、アイヌ語の禁止などアイヌ独自の文化が破壊された。「国家」が「民族」を併合したことによって、「民族」に対して「悪」を行なった実例であり、近代日本の「負の遺産」である。この法律は、このような苦難を強いられてきたアイヌ文化の復興・振興と、多文化を尊重する共生社会の実現を目指すものである。

そしてこの法律で最も注目すべきは、初めてアイヌを「先住民族」と明記したことである。なぜこの規定が重要かと言えば、国連宣言で謳われた「自決権」が規定されなかったという不十分さはあるにせよ、アイヌは「先住民族」として「先住権」が認められ、一定の権利が保障された点である。つまり、「エトノス」の存在が前提にされたことによって、アイヌの人々は日本国の「国民」であるとともに、「民族」として認定された。「デモス」としての人権だけでなく、「エトノス」としての固有の権利が確保されたのである。この事実から考えても、「エトノス＝民族」という概念は現実に必要なものであり、「デモス＝個人」と同様に大きな意義と価値を持っていることが明らかになる。「デモス」と「エトノス」は両立するのであり、決して対立概念ではない。「エトノス」の根底には文化があり、民族の存在を認めることは、文化の多様性を認めることなのである。

結局、樋口の捉える「国家」は、自由・平等や人権を原理とする「法的・政治的・経済的共同体」としての「state」に限定しており、一元的に捉えている。「歴史的・文化的共同体」を包含した「nation」を排除した単眼的思考に支配されているのである。複眼的視点から見通すなら、「国民国家＝nation-state」とは、「時間軸」としての「nation＝歴史的・文化的共同体」と、「空間軸」としての「state＝法的・政治的・経済的共同体」という二次元から成り立っており、この二次元が相互に浸透し合う融合体なのである。

社会契約説という近代西欧思想を信奉する一方で、民族や国家のアイデンティティを取り込んだ国家観を危険視する樋口の見地は、一方に偏っている。そしてこの問題は、「近代」と「前近代」との関わりをどう捉えるかという、巨大なテーマにつながっているのである。

先に、国家における「法的・政治的・経済的共同体」を〈普遍的〉、「歴史的・文化的共同体」を〈特殊的〉と説明した。ところが、「歴史的・文化的共同体」には必ずしも〈特殊的〉と単純に割り切れない面があることを指摘しておきたい。

例えば、古来日本人は、自然の中に神を感じ、神を敬い、神を畏《おそ》れることによって、自然を大切に守り、自然と精神的に一体化してきた。自然の中に神を見る心性と、自然と共生する精神は、神道・仏教の思想や、アイヌ民族・琉球諸島の人々の信仰の中に生きており、現代日本人にも脈々と受け継がれている。

それに対して西欧近代では、人間中心主義の下に、自然を物質的手段と見なして利用し、近代化・工業化によって豊かな生活を生み出す一方で、人間らしさの喪失と自然破壊を招いた。

したがって、人間と自然の復権を迫られている今日、自然と調和し、共生する我が国の伝統的な宗教的精神は、近代西欧文明の弊害を克服する有効性を秘めており、全地球的な普遍性を持っているのである。ここに「前近代」の有効的価値を確認できるであろう。

瞠目《どうもく》すべきことに、近代主義信仰に異議を唱え、「前近代の価値」を再発見する動きは、ヨーロッパ、特に近代思想の最先進国であるフランスにおいて著しい。

二〇世紀の最も偉大な作家の一人であり、政治家でもあったアンドレ・マルロー（一九〇一〜七六）は、日本を四度訪れた。そのたびに、日本文化を代表する伊勢神宮、熊野、龍安寺、法隆寺、薬師寺、東大寺、平等院などの神社・仏閣を精力的に訪問した。彼はこう言っている（竹本忠雄訳『反回想録（下）』、一部中略）。

「竜安寺の庭園は、私にとって世界有数の驚愕の庭とこそ称すべきものであった。住職は、石庭の意味は《永遠》です、と答えた。宇宙との融和なるものが、この石庭のアクサン〔強調される点〕と結びついていることは、疑う余地もない」

「日本の中心は伊勢である。伊勢神宮は二〇年ごとに再建されるがゆえに、過去を持たない。しかも、千五百年前からその祖型を模しつづけてきたのであるから、現代建築でもない。神道は、過去の征服者である。人間の手によって制覇された永遠であり、生きとし生ける人間と同じく必滅であるとともに、かつての日本がそうであったごとく不死身の存在なのである」

西欧近代思想を基盤に持ちながら西洋と東洋との対話を続けたマルローは、個人主義と無縁であり、自然・世界・宇宙との一体性を重んじ、神を感じようとする日本人の特性と、〈永遠に不滅なるものを求める日本〉を、鮮やかに描破している。

また、フランスの社会人類学者・レヴィ＝ストロース（一九〇八〜二〇〇九）は、神話的思考は未開野蛮な思考ではなく、文明人の日常的思考や芸術活動にも生きており、古今遠近を問わず、すべての人間精神のうちに花咲いている普遍的なものであることを解明し、西欧の近代的思考体系への根本的反省を促した（前掲拙著）。日本を五度も訪問した彼は、日本文化の基層にある縄文文化の土器や土偶の中に独自の芸術性を見抜いた。また、神話と歴史との親密なつながりと、伝説的な時代と現代の感受性との連続性が浮き彫りにされている「記紀神話」の文化的・人類学的価値を解き明かした（川田順造訳『月の裏側　日本文化への視角』）。

西欧的主知主義に絶対的価値を置くことなく、宗教や神話や芸術は文明の相違を超越すると考える偉大なフランス人が、「前近代」の普遍的価値を鮮明に掘り起こしたのである。

以上の事実は、我が国の「歴史・文化」は「特殊性」を持ちながらも、国や文化の違いを越えて、世界の人間の精神に訴える「普遍性」を有していることの証《あかし》である。「特殊」が「普遍」へと転成するのである。近代以前に作られた我が国の「歴史・文化」の中のすぐれたものは、近代以後においても底力を発揮し、その存在価値が燦然《さんぜん》と輝いているのである。

さらに学問・思想に目を向けるならば、「天皇中心の日本国家像」を構築した幕末の水戸学国体論は、薩長の志士たちに深甚な影響を与え、「尊王攘夷」、「王政復古」をスローガンとする討幕運動へと導き、明治維新が達成された。国体思想が日本史上未曾有《みぞう》の国家大改革の原動力となったのである。「学問」が「政治」を動かし、歴史に巨大な変動を引き起こしたことは、比類のない歴史的意義を証明している（前掲拙著）。「前近代」の学問が、立憲主義に基づいた近代的国民国家を切り拓《ひら》いたのである。この事実は、江戸時代の「前近代」が明治期以降の「近代」の実現に大きく寄与したことを証明しており、「前近代」の巨大な歴史的価値を見て取れるであろう。

そして、憲法における「前近代」と「近代」との関係こそ、三島由紀夫や西部邁が提起したテーマであった。近代思想が生み出した人民主権や基本的人権の保障を重視する思想は、今日世界の大勢を占める原理となっているのは確かであり、その価値は認めるべきである。日本国憲法もそれを採り入れており、その原理を堅持すべきである。しかしだからと言って、近代を絶対的なものと信じ込んではならない。近代以前の伝統や文化を全否定すべきではなく、価値のあるものは生かすべきである。「前近代」と「近代」とは二者択一ではない。両者は矛盾・対立することもあるが、必ずそうなるとは限らない。「前近代」と「近代」のそれぞれの価値あるものを摂取し、両者の両立を図るべきである。それは、我が国固有の歴史・伝統・文化のすぐれたところと、世界の普遍的な価値のある文化・思想とを共存させることであり、「伝統」と「革新」の均衡と調和を図ることである。樋口の国家観においては、「近代」のみに価値を置いて「前近代」は無視され、「革新」はあるが、「伝統」が欠落しているのである。

世界の現実を見つめるならば、ヘーゲルの言うとおり、各国の政治制度や憲法典は長い期間にわたる歴史的環境の中でできあがったものであり、すべて人為的観念によって作られたものではない。世界の憲法はその国独自の歴史・伝統・文化を反映した理念が根幹にあり、すべて同一であるわけではない。勿論、国民主権・人権尊重などの多くの共通性はあるが、同時にその国独自の歴史・伝統・文化・宗教などを謳っている憲法が、およそ七九％を占めているのである。

憲法観・国家観は、生命観・人間観・世界観に帰着する。生命の多様性、人類の多様性、世界文化の多様性の現実を根底に据えるべきである。世界は多彩な文化・思想を持った国々によって成り立っている。だからこそ、国家の個性と国家間の差異性を認めつつ、他国との交流・融和を進めなければならないのである。同様に憲法も、国家と世界とのバランスを取らなければならない。

国際的憲法学者として、憲法学と近代西欧思想の追究を深めてきた樋口陽一の功績を認めるものである。しかし、国家の独自性を基盤としつつ、世界と融合する憲法観もあることを知るべきであろう。

5　「日本」を基盤とし、「世界」を見据えた憲法の創出を

憲法は、国家があって始めて意味を持つ。憲法が先にあって国家があるのではなく、国家が先にあって憲法があるのである。それゆえ、憲法を考える場合には、論理的に「国家」から出発しなければならない。考古学の知見によれば、初期の日本国家は、三世紀後半から四世紀初頭にかけて成立したと推定されている。したがって、日本国家はおよそ千八百年の歴史・伝統・文化を持っており、その集積としての「国家の特質」が基盤となっていることは厳然たる事実である。

一人一人の人間（person）に個性（personality）があるように、国家（nation）にも特性（nationality）がある。我が国のナショナリティは、固有の文化・制度を基層に持ち、外来の文化・制度を同化させつつ独自の国家体制を築いてきた。

帝国憲法は、「天皇中心の国家」を基盤としつつ、西欧諸国の憲法を積極的に受容して、新国家建設の主軸となった。同時に、西欧諸国による過酷な帝国主義政策の攻勢に対抗することが可能となり、植民地化されることを防いだ。帝国憲法があったからこそ、近代的立憲国家として「独立」を確保できたのである。当時アジアで、植民地化や属国化されなかった独立国家は、我が国とタイ王国だけであったことを考えるなら、帝国憲法の歴史的意義は計り知れないほど大きなものがある。無論、戦前国家が帝国憲法を「神聖な法典」と見なして、改良を怠ったという「負の側面」があることは否定できない。

しかしGHQは、我が国の「ナショナリティ」と、帝国憲法の世界史的意義を顧慮せず、帝国憲法を悪の元凶と決めつけて、すべてを破棄した。欧米思想を絶対的に正しいと見なす独善主義と、世界の多様性を熟視しない浅薄な思考に支配されて、現憲法を起草したのである。

勿論、GHQの憲法構想にも高く評価できる点がある。普遍的価値のある民主主義の導入である。ただし、歴史的に顧みれば、我が国には民主主義的精神は存在していた。聖徳太子の作った「憲法一七条」は、和を尊び、皆で話し合って合意に至るべきことを説いた。また、明治天皇が明治元年に発した「五箇条《ごかじょう》の御誓文《ごせいもん》」は、広く会議を興《おこ》し、公《おおやけ》に論議すべきことを諭《さと》した。「国民主権」の観念はないとしても、素朴な形で「公共の議論」を尊重する民主主義の原像が刻まれているのである。これらは民主主義の先駆けであり、日本歴史に長く残る、すぐれた規範である。さらに加えるならば、明治期以降においても、自由民権思想、大正デモクラシー、戦前昭和期における学者・思想家の民主主義思想などに至るまで、民主主義の理念は地下水脈のごとく潜流していた。

このような民主主義的精神を表舞台に浮上させ、憲法に明文化したことは、GHQの大きな功績である。導入された、「国民主権」・「基本的人権の尊重」の基本原則は、近代立憲主義が築いてきた普遍的な価値のある理念であり、基本的に堅持すべきであると考える。

以上の、GHQの「功罪」を直視した上で、現憲法を根本的に再検討し、現憲法の長所・短所を精密に見直すべきである。ただし、国家のアイデンティティ・ナショナリティを唯一絶対のものとし、世界的理念を無視したり、他国との対立を拡大するような、偏狭なナショナリズムに陥ってはならない。自国のアイデンティティ・ナショナリティを基盤とする考えは、自国優越主義や、他国との対立を助長するものであっては

ルは、このマッカーサーの意向に従った、と証言している（高柳他前掲書Ⅱ）。したがって、天皇の本質的機能や歴史的意義を顧慮することなく、占領政策に有利であるという「功利的観点」からしか考えていなかったことが判明する。

しかし、これに反発した三島は、天皇の本質を憲法に謳うべきであると主張した。天皇条項の第一条と第二条との矛盾を指摘するとともに、祭祀を執行する天皇の体現している「神聖性」を条文に明記すべきであると提起した。また、憲法第二〇条の政教分離の原則に違反すると見なされている天皇の祭祀を、憲法上保証すべきであるとして、この条項から除外すべきであると提唱したのである。

したがって、これらの三点について論評することとする（以下の論述の多くは、拙著『三島由紀夫と神格天皇』及び『三島由紀夫の国体思想と魂魄』に基づいている）。

1　天皇条項の第一条と第二条は矛盾するか

先ず、〈第一章　天皇〉の第一条と第二条の条文を確認する。

「第一条　天皇は、日本国の象徴であり日本国民の象徴であって、この地位は、主権の存する日本国民の総意に基く。

第二条　皇位は、世襲のものであって、国会の議決した皇室典範の定めるところにより、これを継承する」

三島は、この第一条と第二条との間には明らかに論理的矛盾があると、次のように主張する。

「主権の存する日本国民の総意に基く」筈のものが、「世襲される」というのはおかしい。また、天皇が

「象徴としての地位」を否定されれば、必然的に第二条の「世襲」は無意味になり、天皇家は絶えず存在の危機にさらされることになる。

しかし、この三島の判断には誤解がある、と私は考える。その理由を以下に述べる。

第一条は、個々の天皇ではなく、制度上の天皇の「地位」を規定しており、天皇制度の存廃は国民の総意によって決定される。それに対して第二条は、「継承のあり方」を規定している。したがって、国民の総意が天皇制度を肯定すれば、第二条により世襲によって継承されることになる。また、もし国民の総意が天皇制度を否定したとすれば共和制となり、その場合第二条は自動的に破棄されることになる。こう解釈するなら、第一条と第二条は何ら論理的に矛盾しないのであり、三島の前段の主張は成り立たないと思われる。

また後段で三島は、天皇の地位が否定されれば、必然的に第二条は無意味になり、天皇家は絶えず存在の危機にさらされる、と危惧している。憲法に「国民主権」が規定されている限り、天皇制度の存廃は国民の意思によって決まることになるので、これは当然生じる危惧である。ただし、もし三島が「天皇の永遠性」を確保したいのであれば、憲法を改正し、「国民主権」を破棄して「天皇主権」を謳う必要があり、さらに、天皇が憲法を定める「欽定憲法《きんてい》」にする以外に方法はないであろう。

しかし、天皇の永遠性を保証するために、「国民主権」の原理を廃棄することが妥当であるとは思えない。今日では、国民一人一人の人格的独立性・政治的主体性を確保する「国民主権」の原理は堅持すべきだからである。

では、三島の危惧を払拭《ふっしょく》するための方策は何であろうか。先に私は、我が国の「法的・政治的・経済的共同体」は、「君主制」と「民主制」の共存を理念とすべきであると説いた。君主制と対立するのは共和制であり、民主制ではない。そして、民主制と対立するのは独裁制である。イギリスや北欧の君主国のように、君主制であっても民主的な国家は存在する。「君主制」と「民主制」の両立と調和は、現実的に可能なのである。そこで、国民主権の原理を維持しつつ天皇制度の永続性を保つための、最も重要な要素を考えてみる。

天皇の本質的機能は祭祀である。天皇は祭祀によって国家・国民の安泰と安寧を祈りつつ、常に国民のことを思い、国民と心をともにしながら発言し行動する。と同時に、国民はそれに応《こた》えて天皇を敬愛し支える気持が、自発的に湧き起る。

このような、天皇と国民との精神的一体性は、古来「君民一体（君臣一体）」と言われており、三島もこれを特に重視した（「昭和廿年八月の記念に」、『鏡子の家』、『英霊の声』）。「君民一体」は歴代天皇の抱いてきた伝統的精神である。そして、被災地への慰問や戦没者慰霊の旅を行なうなど、国民の目に見える形で行動することによってこれをはっきりと示したのが明仁天皇（現上皇陛下）であり、これを継承しているのが令和の天皇陛下である。それに対して、多くの国民はごく自然に天皇への親愛と尊敬の念を抱いている。この「君民一体」こそ、天皇制度（君主制）と国民主権（民主制）との両立を可能にするのである。

今日、世界の一九七カ国のうちで、君主制国家は二八カ国しか残っていない（共同通信社編著『世界年鑑2019』）。君主制国家の多くが廃止されたのは、この「君民一体」の精神が崩壊したからにほかならない。天皇であっても、永遠の絶対的存在ではない。したがって象徴天皇制度の存続は、「君民一体」の精神の持続性にすべてかかっていると言っても過言ではない。

天皇制度の要《かなめ》は、形式ではなく精神である。天皇制度は「存在すること」に意味があるのではない。天皇と国民がともに意志的に「生成するもの」なのである。

2 「神聖不可侵」の規定を復活させるべきか

三島は、祭祀を司る天皇は、国の時間的連続性の「象徴」であり、「神聖」を内包している存在なので、「神聖不可侵」の規定を憲法に復活させるべきであると主張した。この点も天皇の本質に関わる問題なので、精細に検討する必要がある。

「神聖不可侵」は帝国憲法に規定されていたが、初めに「不可侵」について考察する。「不可侵」とは、法的責任を問われないという「無答責」のことである（伊藤博文『帝国憲法・皇室典範《てんぱん》義解《ぎげ》』）。そして、現憲法の天皇条項第三条には、「天皇の国事に関するすべての行為には、内閣の助言と承認を必要とし、内閣が、その責任を負ふ」とあり、これは天皇の国事行為に関する無答責の規定である。また、刑事上の特例として、天皇は訴追されない存在とされており（皇室典範二一条）、民事責任でも、免責されるとする最高裁の判例がある（佐藤幸治前掲書）。したがって、憲法条文に「不可侵」は明記されていないが、第三条及びほかの法律によって実質的に規定されているので、改めて「不可侵」を規定する必要はないと考えられる。

では、「神聖」をどう判断すべきであろうか。三島は「神聖」の根拠を、神の子孫であるとする記紀神話の神権主義に求めてはいない。天皇は世俗的君主や大統領と本質的に異なっており、国家・国民の安寧を天上の神に祈る「国家の最高祭司」であることを「神聖」の根拠にしている。つまり、天皇は、文化人類学の言う「Priest-King（祭司王）」であるがゆえに「神聖」であると見なしているわけである。天皇誕生以来今日まで、祭祀が天皇の本質的機能であることを考慮すれば、三島の指摘は正しい。神聖な領域である神社において祭祀を行う「神主」が神聖な存在であるのと同様に、国家における「祭司王」である天皇も神聖である。

したがって、神聖規定を検討してよいと考える。

ただし、神聖規定に関連して必要な改正がある。「神聖」の根拠となる「祭祀」が、皇室典範などの法律に定められていないことである。戦前は、大嘗祭は旧皇室典範に規定され、そのほかの祭祀は皇室祭祀令に定められていた。ところが、GHQは旧皇室典範を改正させ、さらに皇室祭祀令の廃止を命じた。その結果、大嘗祭だけは即位の礼に伴う儀式として公的に認められているが、ほかの天皇祭祀は天皇の私的行為に封じ込められた。しかし、国家・国民の安寧を祈る祭祀は、国家的に大きな意義がある。天皇祭祀を法的に廃棄させたことはGHQの重大な過誤であった。したがって、国家的意義のある「祭祀」を、現行の皇室典範に追加規定することによって、天皇の「公的行為」とすべきである。

ただし、この方法は憲法の「政教分離の原則」に抵触する可能性があるので、その是非を次項でさらに掘り下げて究明しなければならない。

3　天皇祭祀は「政教分離の原則」に違反するか

戦後の天皇の「象徴」たるゆえんは、祭祀を行う「文化的天皇」にあると、三島は見なした。だからこそ、政治と宗教との関係を規定する、憲法の「政教分離原則」は、三島にとって重大なテーマであった。三島はこう提起する。

新嘗祭《にいなめさい》や大嘗祭《だいじょうさい》などの天皇の祭祀は私的行為とされ、国家と切り離されている。しかし、世俗的君主と異なる天皇は祭祀を固有の機能として内在させており、天皇の祭祀は第二〇条の政教分離規定から除外しなければならない。

天皇祭祀と「政教分離の原則」との関係については、前二著でも考察したが、新たな知見を加え、改めて考究することとする。先ず、第二〇条の内容を確認する。

「信教の自由は、何人に対してもこれを保障する。いかなる宗教団体も、国から特権を受け、又は政治上の権力を行使してはならない。

何人も、宗教上の行為、祝典、儀式又は行事に参加することを強制されない。

国及びその機関は、宗教教育その他いかなる宗教活動もしてはならない」

三島は、天皇の行う祭祀が、この条文の第三項「国及びその機関は、宗教教育その他いかなる宗教活動もしてはならない」に違反すると解釈したため、〈例外〉と規定することによって、合憲となるように図ったのである。もし天皇祭祀がこの条文の〈宗教活動〉に該当することになれば、憲法違反となる。したがって、天皇祭祀が具体的にどのような内容であり、どのような意味を持っているのかが問われるのであり、これらの点と憲法で言う〈宗教活動〉との関係を精査する必要に迫られるのである。

政教分離の原則は、これまで憲法学者や裁判所によって多様な解釈がなされており、単純に結論を導き出すことができない難問である。なぜなら、「宗教」の意味を広く捉えるか、狭い意味の宗教団体と捉えるか、また政教分離を厳格に適用するか、緩《ゆる》やかに適用するかなどの解釈によっても、判断が異なるからである。

「大嘗祭」への公費支出は合憲である

このような状況にもかかわらず、皇位継承に伴う、一世に一度の重要な儀式である「大嘗祭」については、すでに最高裁判所によって合憲判決が出されているので、この画期的な判例に触れておきたい。

「大嘗祭」とは、我が国の社会に古くから伝承されてきた収穫儀礼に根ざしたものであり、天皇の即位後、新穀を皇祖《こうそ》・天照大神《あまてらすおおみかみ》及び天神地祇《てんじんちぎ》〔天上の神々と地上の神々〕に供えて、収穫を感謝するとともに、みずから食し、国家・国民の安寧と五穀豊穣を祈念する儀式である（「平成元年　政府説明」の要旨―首相官邸ＨＰ）。この公式見解は、神道学者・岡田莊司《しょうじ》國學院大學教授（『大嘗《おおにえ》の祭り』）や、宮内庁掌典職掌典を務めた鎌田純一元皇學館大學教授（『即位禮大嘗祭　平成大禮要話』）の説いた「大嘗祭」の意義と一致するものであり、定説と見なしてよいと考えられる。

そして、平成への代替わりに際して政府は、皇室典範に規定されている即位の礼を「国事行為」として挙行した。また、皇室典範に規定されていないが、大嘗祭は即位の礼と一体になっている公的性格をもつものと判断し、皇室の「公的行事」と見なして、その費用を国費（公的行為に必要な経費である宮廷費）から支出した。すると、各地で大嘗祭に関連した各種の訴訟が起こされた。そのうち、都知事が大嘗祭に公費で参列した行為は、憲法第二〇条、及び宗教上の組織及び団体に対する公金支出を禁止した第八九条に違反するとする訴訟で、最高裁は二〇一二年に、次のような判決を下した――大嘗祭そのものは宗教的色彩をもつとしても、社会的儀礼として敬意・祝意を表するために儀式に参列することは、目的効果基準に照らし政教分離原則に反しない（芦部前掲書）。

ただしこの判決では、都知事の、公費での大嘗祭参列の合憲性は確定したが、大嘗祭への国費支出の合憲性については明確に言及していない。そこで、この点を推論する必要がある。都の公金支出が合憲とされたことは、知事の参列が公的行為と見なされ、論理的に大嘗祭は公的行為とされたことになる。なぜなら、もし大嘗祭が天皇の私的行為であれば、知事の参列も私的行為となり、都の公金支出は違憲となるからである。

したがって、大嘗祭そのものも「公的行事」として合憲という結論が導き出されるのである。

では、大嘗祭合憲の根拠とされた「目的効果基準」とはどういうものであろうか。

津市が市体育館の建設に当って、神道式の地鎮祭を挙行し、それに公金を支出したことが憲法違反であると訴えられた訴訟で、第一審は合憲、第二審は違憲とし、判断は分かれたが、最高裁は「目的効果基準」を用いて合憲と判決した（一九七七年）。その時、「目的効果基準」の趣旨をこう説明している（芦部前掲書）。

禁止される宗教的活動とは、宗教とのかかわり合いがわが国の社会的・文化的諸条件に照らし信教の自由の保障の確保という制度の根本的目的との関係で、相当とされる限度を超えるものである。すなわち、その活動の目的が宗教的意義をもち、その効果が宗教に対する援助、助長、促進、又は圧迫、干渉等になるような行為に限られる。またその判断は、主宰者、式次第などの外面的形式にとらわれず、行為の場所、一般人の宗教的評価、行為者の意図・目的・及び宗教意識、一般人への影響等、諸般の事情を考慮し、社会通念に従って客観的になされねばならない。

この判決のポイントは、国家と宗教との関わりを一切禁止していないことである。宗教的色彩があっても、外面的形式にとらわれず、その効果が特定宗教に対する援助・助長や、圧迫・干渉にならない限り、禁止されないとしたからである。国家機関と宗教的行為との完全分離を要求していないこの判決は、緩やかな限定分離と考えられ、弾力的な判断と言える。なお、この「目的効果基準」は、アメリカの連邦裁判所判決で採用された「レモン・テスト」という基準を参考にしたとされる（芦部前掲書）。

ただし最高裁では、八名の裁判官の多数意見に対して、政教分離を厳格に解釈し、「目的効果基準」を違憲とする、五名の反対意見があった。また、国家の宗教的中立性を侵しているとして、「目的効果基準」に異論を唱えている憲法学者も多い（佐藤功『日本国憲法概説　全訂第五版』、小林直樹『［新版］憲法講義（上）』、伊藤正己《まさみ》『憲法　第三版』、奥平康弘《おくだいらやすひろ》『憲法Ⅲ　憲法が保障する権利』、樋口陽一『憲法　第三版』）。それに対して、目的や効果の捉え方により厳格に適用するならば、容認できるとする説がある（芦部前掲書、佐藤幸治前掲書、長谷部恭男『憲法　第7版』）。また、最高裁判決通りこの基準を妥当と考える憲法学者もいる（小嶋和司《こじまかずし》『憲法概説』、大石眞《まこと》『憲法講義Ⅱ　第2版』、百地章『政教分離とは何か――争点の解明――』）。

このように、「目的効果基準」に対する憲法学者の判断は三様に分かれている。しかし大嘗祭については、公費支出を憲法違反と主張する憲法学者はいるが（樋口『憲法　第三版』）、確定した最高裁判決と、小嶋、大石、百地の解釈どおり、大嘗祭を「公的行事」とすることは合憲と判断できるのである。

これまでの考察により、三島が天皇祭祀を憲法第二〇条の例外と規定すべきであるという主張については、大嘗祭は合憲とされたので改正の必要はなく、大嘗祭だけは解決されたことになる。ただし、違憲論が蒸し返されることを防ぎ、法的厳密性を確保するためには、皇室典範を改正し、「即位の礼」の項目の中に「大嘗祭」を追加することが必須である。しかし政府は未《いま》だに法改正を行なっていないので、早急に取り組むべきである。

ちなみに、令和への代替りの際に、政府は平成に準じて大嘗祭を「公的儀式」として挙行し、国費（宮廷費）から支出したが、この判断は最高裁の判決に従ったものであり、正当である。ところが今回も、大嘗祭への公金支出を違憲と見なす憲法学者・歴史学者やマスメディアがあとを絶たないので、これらの論調を敢《あ》えて取り上げねばならない。

朝日新聞（二〇一九年一一月一五日）で横田耕一九州大学名誉教授は、「大嘗祭は宗教的儀式であり、公費を支出するのは、憲法違反の疑いが非常に強い」と語っているが、憲法学の専門家が最高裁判決に無知なのは、驚きを禁じ得ない。また、高見勝利北海道大学名誉教授は、「公費支出が憲法上一点の疑義もないのなら、政府は〈公的性格がある〉とする一九八九年の見解を何らかの形で立法化すべきであった」と述べている。前段の〈憲法上一点の疑義もないのなら〉の部分は、最高裁判決によって一点の疑義もないのは明白であるから、この仮定的表現自体が間違っている。ただし、後段の〈立法化すべきであった〉という主張は全く正しい。

次に読売新聞（同年一一月一五日）で、原武史放送大学教授は、「今日もほとんど議論がないまま平成を踏襲して国費が投入されたが、国費を使わずに完全に皇室の費用で行うべきだ」と発言している。だが、国費を投入すべきでないということの見解が、明らかに間違っていることは繰り返すまでもないだろう。しかも、皇室の私的生活の経費であっても、国費（内廷費）から支出されているのであるから、この発言は全く意味をなさない。また、内廷費は年間三億二四〇〇万円であり（宮内庁HP）、もし今回宮廷費から支出した大嘗祭関連の費用約二四億円を内廷費に入れることになれば、内廷費が膨大となり、私的生活費にふさわしくない、常識はずれの経費となるであろう。ただし、大嘗宮造営などは、できるだけ簡素にして、経費の節約に努めるべきである。なぜなら、『日本書紀』の仁徳天皇の条には、人民の豊かさを第一に考え、宮殿は簡素・素朴を旨《むね》とすることが明記されており（小島憲之他前掲全集3）、質素・倹約の精神が皇室の伝統だからである。

また、最高裁判決に触れているのは毎日新聞である。社説（同年一一月一四日）で、「憲法との整合性を問う声は根強い。平成の大嘗祭をめぐっては裁判が相次いだ。最高裁は〈参列は儀礼の範囲内〉と判断し合憲としたが、大嘗祭そのものへの国費支出について合憲性は判断していないので、今も法的な決着がついたとは言えない」と主張している。しかし、大嘗祭の国費支出について「今も法的な決着がついていない」という見方は、私見が明らかにしたように、合憲で決着がついているので、誤った認識である。

以上のような、憲法学者・歴史学者の多くに見られる、最高裁判決による法的決着の事実を顧みようとしない杜撰《ずさん》な言論は、国民を間違った方向へ導くものである。それと同時に、大嘗祭違憲の主張がいつまでも繰り返される現状を見ると、未《いま》だに皇室典範の改正に取り組んでいない政府・国会の怠慢は重大な過失であり、改正が急務であることを再度主張せねばならない。

なお、産經新聞（同年一一月一四日）は〈主張〉欄で、こう訴えている。「天皇の本質的・伝統的役割である祈りは、日本の大切な公事《くじ》と位置付けるべきである。天皇は権力者でも宗教団体でもないので、宮中祭祀を一般の宗教と同列視する必要はない。祈りは天皇の象徴性を支えている点を重視し、天皇の本質を軽んじる、誤った解釈が出てくる憲法はいずれ改正されるべきである」。大嘗祭については合憲で決着している点への言及はないものの、宮中祭祀全般に関して憲法改正を主張しているので、正《まさ》しく三島由紀夫の主張を継承していると言えよう。

「政教分離の原則」はどのようにして生まれたか

以上に見たように大嘗祭は決着したが、三島は、大嘗祭を含め祭祀全般を第二〇条の例外と規定するように訴えたので、祭祀全般の憲法判断の問題は依然として残されている。したがって、祭祀全般の合憲か否かをさらに追究せねばならない。

先ず、ＧＨＱが現憲法に導入した「政教分離の原則」に世界的な普遍妥当性があるのかどうかを考察する。

今日の世界には政教分離原則の多様な形態があり、その主要形態には次の三類型があるとされる（佐藤幸治前掲書）。

A　国教制度を温存させつつも、ほかの宗教に対する寛容性を法制上確立しているイギリス型

B　国教を認めるわけではないが、国家と宗教団体との一定の協力関係の存置を前提とするドイツ・イタリア型

C　国教の存在を認めず、国家と宗教団体とを厳格に分離するアメリカ・フランス型

これを見れば、我が国の憲法は、GHQが導入したアメリカ型であることは明らかである。しかし、キリスト教（イングランド教会）が国教であり、国王がイングランド教会の首長であるイギリスや、国王はキリスト教の福音主義教会の信者でなければならないスウェーデンやデンマークなどの、A型の国もある。また、国家と特定の宗教団体が取り決めを結んで協力関係にあるドイツ・イタリアなどのB型もある。したがって、その国の歴史的・文化的状況によって、政教分離のあり方は異なっているのである。アメリカ・フランス型のような、厳格な分離規定が世界共通の原理ではないことが知れるであろう。

そこで、そもそも政教分離原則はなぜ生まれたのか、またなぜ国によってその実態が異なるのかという、根本的テーマに立ち返る必要がある。

「政治と宗教の分離」という問題は、西欧における中世以来の、国家と宗教（キリスト教）との様々な闘争を通じて、近代になって徐々に確立されたものである。それでは、イギリスを例にとって確認してみよう。

近代イギリスの哲学者ジョン・ロック（一六三二～一七〇四）は、次のように政治と宗教の役割を峻別した（加藤節／李静和訳『寛容についての手紙』）。

政治的統治の目的は、生命、自由、健康、身体的苦痛からの解放、土地・家屋などの外的事物の所有から成る〈現世的利益〉を確保することである。そして宗教は、〈魂の救済と永遠の生命の享受〉を固有の目的とする。したがって、国家と宗教的結社である教会は組織的に分離されなければならず、両者は互いに介入したり、干渉すべきでない。

ロックのこのような考えが生まれた背景には、一六世紀以降のイギリスの政治情勢がある（岩井淳「第5章革命の時代」―川北稔編『イギリス史』）。

一五三四年、離婚問題でローマ教会と対立したヘンリ八世は、国王を「イングランド教会の唯一の地上における最高の首長」と規定し、ローマ教会から離脱して「イングランド国教会」を成立させた。その後、教義の純粋化と国教会のさらなる改革を求めた、プロテスタントの「ピューリタン（清教徒）」が現れた。一七世紀に入ると、親カトリック的政策を展開したジェイムズ一世やチャールズ一世は、国教会からカトリック的な要素を除去しようとしたピューリタンを弾圧した。

一六四〇年頃から、国王派と、ピューリタニズムを信奉する議会派との間に内戦が勃発し、クロムウェル率いる議会派が勝利した。チャールズ一世は処刑されて王制は廃止され、「ピューリタン革命」が成し遂げられた。ところが、クロムウェルの死後、王政復古がなされて国教会が尊重されたため、ピューリタンは再び弾圧され、多くのピューリタンが新大陸などへ逃れた。

その後一六八八年に、カトリック化政策を強力に推進したジェイムズ二世に対抗した議会派が勝利し、「名誉革命」が達成された。この時制定されたのが「権利章典」と「寛容法」である。「権利章典」で王位継承におけるカトリック排除が規定され、「寛容法」は、国王に忠誠を誓いさえすれば、ピューリタン系の非国教徒は宗教的罰則の適用から除外されるというものであり、基本的に「信仰の自由」が認められた。

以上のような激動の歴史の渦中で、ピューリタニズムを信仰するロックは、迫害を逃れて一六八三年にオランダへ亡命した。亡命中に『寛容についての手紙』を執筆し、名誉革命とともに帰国したのである。ロックが政教分離の思想を説いた背景には、イギリス国教会とピューリタニズムとの熾烈《しれつ》な対立というイギリス固有の宗教闘争と、彼自身の宗教的体験とが深く関わっていたのである。また、「政教分離」という近代政治思想の背後に、「神の摂理」を信ずる、強烈な宗教的精神があったことを知るべきである。この事実は、「政教分離」の思想は必ずしも脱宗教化を意味しないことを明示している。イギリスの場合は、キリスト教内部において血なまぐさい弾圧と戦争が繰り返される中で、「信仰の自由」の権利が獲得されたのである。このような特殊な歴史的背景の下で、国王と宗教（イングランド国教会）の一体化を認めつつ、「信仰の自由」を保障するという、イギリス独特の「政教分離の原則」が形成されてきたことを認識せねばならない。

それでは、アメリカの政教分離原則はどのようにして成立したのであろうか。これは、今見たイギリスにおける宗教闘争と深く関わっているのである（紀平英作「序章『アメリカ』とは何か」―同編『アメリカ史』）。

一六二〇年に、「ピルグリム・ファーザーズ（巡礼の始祖たち）」と呼ばれるピューリタンたちが、弾圧を逃れて東海岸のニューイングランドに移住した。ピューリタンにとっての「新世界」は、イギリス本国において受け入れられない彼らの宗教的共同体を、より純粋なかたちで設立する聖地であった。同時に、本国の権威の拘束から離れ、独立へとつながる思想的・社会的原動力となった。そして独立戦争に勝利した結果、一七八八年に合衆国憲法が成立した。九一年には、憲法の修正条項として「信仰の自由」と「政教分離の原則」が規定された。このような、イギリスの国教制度に反抗し、ピューリタニズムを基盤として新国家を建設するという、アメリカ独特の歴史的事情を背景として、「政教分離の原則」が樹立されるに至ったのである。

イギリス及びアメリカの歴史の実像を見れば、ピューリタンを基軸としたキリスト教内部の宗派闘争があり、カトリックとプロテスタントとの熾烈《しれつ》な闘いの産物が「政教分離の原則」だったのである。また同時に、この原則がなぜイギリス型とアメリカ型に分かれたのか、その要因も自《おの》ずと理解されるであろう。そして、アメリカ型が世界的な普遍性を持つものではないことも明白なのである。いずれにせよ、イギリスもアメリカも、政治と宗教の相互介入を禁止するものであるが、政治と宗教が互いにその任務・役割を尊重し合うことまで排斥しているわけではない。「宗教の役割の尊重」という点に、イギリスとアメリカの政教分離論の大きな特徴が見られるのである。

天皇祭祀は「政教分離の原則」に違反しない

以上の歴史的考察から、次のように考えることができる。

政教分離の理念は、その国の歴史的文脈の中で考量すべきである。わが国の政治と宗教の関係についても、イギリスともアメリカとも異なった歴史的背景を持つことに着目せねばならない。したがって天皇祭祀の問題についても、キリスト教内部の宗教闘争の結果生まれ、君主の存在しないアメリカの「政教分離の原則」をそのまま採用することが妥当とは限らないのである。むしろ参考にすべきは、君主制の下で国教制度と「信教の自由」を両立させているイギリスである。我が国における天皇祭祀の歴史的・文化的意味の有無を確認するとともに、それが現実にもたらされる政治的・社会的効果について、綿密に検討すべきである。宗教を悪魔視してはならない。国家・国民にとってどのような意義があるのか、またはどのような弊害があるのかを探究しなければならない。そしてその結果、もし国家的・国民的意義があり、かつ「信仰の自由」を抑圧するなどの弊害をもたらさないのであれば、憲法解釈上、天皇祭祀は「合憲」と見なすべきである。

この点で、ピューリタニズムの使命感を持って巨大な抽象的な国家体制を作り上げたアメリカの法秩序が、日本の風土に最も不適切であるという三島由紀夫の指摘は、この問題の本質を正確に見抜いていたのである。このような視点から、天皇祭祀の実体を捉え直した上で、憲法との関係を追究してみよう。

先ず、天皇祭祀の歴史を通観すれば、その始まりは定かではないが、最も重要な祭祀である新嘗祭は、稲作の行なわれた弥生時代の農耕祭儀が起源であることが判明しており、初期大和政権の頃から行われていたと推定される（村上重良『天皇の祭祀』）。そして七世紀末、天武天皇の代に律令国家が完成されると同時に、新嘗祭、大嘗祭、祈年祭《きねんさい》などの天皇祭祀が制度化され、体系化された。

次に、天皇の祭祀は具体的にどのような内容を持ち、どのような意義があるのかを正確に知らねばならない。宮中祭祀には多様な内容が含まれており、大小及び臨時のものを含めると、年間六〇以上あると言われている。その中から主要な祭祀を類型に分けるとこうなるであろう（拙著『三島由紀夫の国体思想と魂魄』）。

（1）皇祖に新穀を供えて神恩に感謝し、五穀豊穣と国家国民の安寧を祈願する――新嘗祭《にいなめさい》、神嘗祭《かんなめさい》〔伊勢神宮で行われ、天皇は伊勢神宮に向かって遥拝し、賢所で参拝する〕、祈年祭〔春に行われ、五穀豊穣を祈る〕

（2）年始に当って皇位の始源を祝い、天地四方の神々を拝み、国家国民の安泰と繁栄を祈る――元始《げんし》祭《さい》、四方拝《しほうはい》、歳旦祭《さいたんさい》

（3）歴代天皇の霊を祭る――皇霊祭《こうれいさい》、神武天皇祭、先帝と皇后及び先帝以前の三代の祭、式年祭〔歴

代天皇の年期法要〕

（4）神産巣日神《かみむすひのかみ》などの八神と天神地祇《てんじんちぎ》を祭り、皇室の弥栄《いやさか》と国家の隆盛を祈る——神殿祭

では、これらの祭祀の意義を探求してみる。

（1）のグループは、稲作農業の始まったとされる弥生時代以来の農耕祭儀を伝承しており、社会的・習俗的祭りである。その起源から数えると、二千数百年という長大な歴史を持っており、この長期的持続性は世界に類例がなく、歴史的・文化的価値は高い。しかも、五穀の収穫を感謝する心は、とかく現代人が失ってしまった精神性であり、貴重な価値がある。

次に（3）のグループは、祖先を偲び祖先に感謝する祖先崇拝であり、我が国に伝統的な祖霊信仰を体現している。広く国民の間で行われている習俗儀礼であり、教義体系を持った宗教による純然たる宗教的行為とは、質的に異なっていると見るべきである。

また、（1）、（2）、（4）に共通するのは、神への祈りである。だがこの神は、ユダヤ・キリスト教やイスラム教の唯一絶対神とは本質的に異なる神である。記紀神話に描かれているのは、天地創造・国土創生・自然現象の母胎である多数の神々であり、人間的な神々である。自然を神と見なし「自然崇拝」を基盤とする「アニミズム（万物有魂論）」の要素をも含む、原始的な信仰形態と言える。

そして最も重要なのは、（1）、（2）、（4）の祭祀は、すべて国家・国民の安寧と繁栄を祈る点である。つまり、天皇自身のための私的な祈りではなく、国家・国民を代表して国家・国民のために祈る利他的な行為であり、「祭司王」たる所以《ゆえん》である。

祭祀は天皇誕生以来、その存在の枢軸を形成する重要な機能である。中世後期から近世にかけて一時的な

中断はあったにせよ、長期的に展望するなら、天皇は「政治的統治者」であるとともに、「宗教的統合者」であった。そして戦後は、統治機能は変質して「象徴」となり、祭祀は法的根拠が失われたが、依然として宮中で粛々と執《と》り行われている。したがって、祭祀は天皇という存在と切り離せない、本質的な機能なのである。

以上のことを念頭に置きつつ、日本国憲法第二〇条の成り立ちを振り返ってみる。起草したGHQはこの条項の意図を、「信教の自由」を保障し、かつ国家と教会（宗教団体）との分離を規定するものであると解説している（高柳他前掲書I）。つまり、国民に「信教の自由」を保障するとともに、「国家の宗教団体への介入」と「宗教団体の国家への介入」とを禁止することが主な目的だったのである。

現に我が国の憲法学者も、政教分離条項で言う「宗教」は、限定された狭い意味の「何らかの固有の教義体系を備えた組織的背景をもつもの」と解釈しており（芦部前掲書）、「宗教的活動」とは「特定の宗教・宗派の布教・宣伝などの利益のため、または特定宗教に反対したり圧迫するための組織的活動」と捉えている（小嶋、大石前掲書）。

この観点から、天皇の祭祀行為を見直すと、憲法上の「象徴」である天皇は政治的実権がなく、国政に関与できないので、天皇においては「政治」と「宗教」は完全に分離されている。また、天皇は固有の教義体系と組織的背景を持つ宗教団体ではない。祭祀はすべて宮中奥深くで行われており、布教・宣伝のため、またはほかの宗教団体へ介入し、それを圧迫するための活動でもない。しかも、現憲法では「信教の自由」は保障されており、国民の「信教の自由」を侵害することも全く考えられないのである。

唯一危惧される点があるとすれば、天地の神々への祈りは、皇祖を祭る伊勢神宮を頂点とする神社と密接につながっていることである。しかし、例えば伊勢神宮の場合、三島由紀夫は、二〇年に一度の式年遷宮《しきねんせんぐう》の、〈保守〉しつつ〈破壊と再生〉を繰り返す伊勢神宮の文化的意義を説いた。マルローも、伊勢神宮が永遠性を希求する日本人の精神の祖型を表徴していることを鋭敏に見抜いた。毎年八百万人以上の参拝客が訪れる伊勢神宮は国民的神社であり、天皇家だけのためにある神社ではない。日本文化の神髄を体現する貴重な国家遺産なのである。

このように、伊勢神宮と天皇は、歴史的に切っても切れない特別な関係にあるのは確かであるが、そのことによって、これまでほかの宗教団体への介入や、国民に害悪をもたらすことはなかったので、弊害はないと考えられる。

なお、国家と神社が一体となっていた戦前国家の弊害を根拠にして、国家と宗教の厳格分離を主張している憲法学者がいるので（宮澤俊義『憲法Ⅱ［新版］』、佐藤功・小林直樹前掲書、樋口『憲法　第三版』）、それに応答しておきたい。

確かに、戦前において神社神道は「宗教」ではないとされて別格に扱われ、国家によって管理されるなど、事実上の国教扱いを受けた。そして、神社神道と皇室神道が一体化していたため「天皇崇拝」が増進され、大東亜戦争時には神社・天皇陵への参拝など、国民に対する強制性があったので、「信教の自由」が十分に保証されたとは言い難い。

しかしながら、戦前と戦後には著しい相違がある。戦後、神社は国家から分離され宗教法人とされた。したがって、国家による、国民への関与や強制性は不可能であり、しかも現憲法では「信教の自由」は保障されているので、そのような危惧は払拭《ふっしょく》される。

以上の諸々の点を考量し、「目的効果基準」に照らして見るならば、天皇祭祀を「公的行為」と見なすことは憲法に違反しないと解釈できるのである。また「公的行為」とした場合、公金の支出が認められるが、現行憲法の下でも国家と宗教が完全に分離されているわけではない。宗教的文化財への補助金支出、宗教系私立学校に対する公的助成など、宗教団体の意義ある活動に対しては国家の保護・育成があるのが実態である（佐藤幸治前掲書）。この点からも、天皇祭祀の合憲性を認めることは可能である。

ＧＨＱは、天皇祭祀の歴史的・文化的意義と国家的意義を顧慮することなく、皇室典範から大嘗祭を除外させ、祭祀全般を規定した皇室祭祀令を廃止させて、天皇祭祀を私的行為に封じ込めた。世界では国家と宗教との関係に多様性があるにも関わらず、世界的視野が完全に欠落していたのである。天皇祭祀に関わるこれら一連の政策は、ＧＨＱの知的貧困の産物であり、重大な誤りであったと断定してよい。

「政教分離の原則」は、ア・プリオリに（経験に基づかない認識によって）決定されているわけではなく、その国の歴史的・文化的状況によって決定されるのである。その国の歴史的・経験的現実を顧慮することなく、抽象的な原理だけに固執するのは、王の権力は神から与えられたと考える「王権神授説」と同じ論理にはまることになる。政教分離原則を厳格に適用しようとする我が国の憲法学者の見解は、空疎な観念論であることが露呈されているのである。

明仁天皇（現上皇陛下）は、二〇一六年八月にビデオ・メッセージとして公表された「象徴としてのお務めについての天皇陛下のおことば」で、こう述べている（宮内庁ＨＰ）。

「即位以来、私は国事行為を行うと共に、日本国憲法下で象徴と位置づけられた天皇の望ましい在り方を、日々模索しつつ過ごして来ました。伝統の継承者として、これを守り続ける責任に深く思いを致し、更に日々新たになる日本と世界の中にあって、日本の皇室が、いかに伝統を現代に生かし、いきいきとして社会に内在し、人々の期待に応えていくかを考えつつ、今日に至っています。（中略）

私はこれまで天皇の務めとして、何よりもまず国民の安寧と幸せを祈ることを大切に考えて来ましたが、同時に事にあたっては、時として人々の傍らに立ち、その声に耳を傾け、思いに寄り添うことも大切なことと考えて来ました」

明仁天皇にとって、〈伝統の継承者〉として祭祀を行ない、国民の安寧と幸福を祈ること、また、〈伝統を現代に生かして〉行なわれた被災地への慰問や戦没者慰霊の旅は、正《まさ》に「象徴としての行為」であった。国民の声に耳を傾け国民の思いに寄り添う行為は、「象徴たる地位」から導き出されていたのである。

現憲法において、天皇は「日本国及び日本国民統合の象徴」であり、ほかの国家機関とは全く異質の、特殊な存在である。そして、天皇の本質的行為である祭祀は「象徴」と切り離せない行為である。祭祀は、「象徴」という国家的地位から必然的に導かれる「国家的行為」であり、自《おの》ずと「公的行為」なのである。したがって、祭祀を「象徴」の根拠と見なし、合憲とすべきであるという三島の主張には妥当性があると言ってよい。

以上に述べた、天皇祭祀の合憲解釈が可能であるとしても、憲法もしくは法律に明確に規定されていなければ、違憲論が蒸し返されるので、どちらかを改正することが望ましい。ところが、憲法を改正して新たに規定する場合は、困難な問題がある。なぜなら、天皇条項に「国事行為」は規定されているが、「公的行為」は明記されていないからである。しかし現実には、「国事行為」のほかに様々な「公的行為」が行われている。例えば、国会開会式での「おことば」の朗読、国内外の行幸啓、国民体育大会・植樹祭などの各種行事への出席、外国元首の接遇、外国公式訪問、外国の国家儀式への参列などである（芦部前掲書）。そこで、これらの「公的行為」とともに、憲法上の「象徴」の地位に伴う行為として「祭祀」を「皇室典範」に規定することを提案する。

ただし、すでに指摘したように、宮中祭祀は大祭・小祭や臨時の祭祀などを含めると年間六〇以上もあるので、そのすべてを「公的儀式」とすることは適切でないかもしれない。そこで考えられる一つの方法は、宮内庁掌典長が行う小祭を除き、新嘗祭などの、大祭である「天皇親祭」（天皇みずから主宰する祭祀）に限定して「公的儀式」と見なすことである。

以上の私見に基づくならば、憲法を改正して天皇祭祀を憲法第二〇条の例外と規定すべきであるという三島の提起は、皇室典範に規定するという私の方法論と異なるにせよ、天皇祭祀を公的行事にすべきであるという考え方には賛同できる。ただし、最高裁が天皇祭祀全般を公的行為として行うことを違憲と判断した場合には、それに従わねばならず、三島の主張どおり、憲法を改正し、その例外と規定する必要があることは言うまでもない。

第四節　「非常事態法」は必要か

三島は五〇年前に、「非常事態法」の制定を主張した。このテーマは、これまで発表されている多くの改正案でも「緊急事態条項」の名称で提案されており、先見の明があったと言える。しかし他方で、多くの護憲論者からその制定に対する強硬な反対論も出されている。そこで、先ず三島の提案を取り上げ、次いで必要論と不要論を対比し、検討する。

1　三島由紀夫の「非常事態法」

三島の主張の要点は、こうである。

① 新憲法は非常事態に対処する処置を全く欠いている。自衛隊法に治安出動を規定するのみで、基本的人権に由来する一般的所有権の制限などについて何ら触れることがなく、法的不備は明らかである。

② 非常事態法はある緊急状態において、公法上の一般原則を曲げうるとなす「法の自己否定」の性質を帯びている。これが拡大解釈されれば、法体系自体が崩壊する危険を含んでいる。しかしその危険を冒してまでこの条項があるのは、緊急時における法のフレキシブルな運用を保障する根拠を平時から明示しておくという用心のためである。

③ 非常事態法を予め講じておかなかった場合は、法の混乱と物理的混乱が生じるだけであり、法的無秩序を収拾するのは何らかの「力」であるに決まっているから、結局その「力」に屈するほかはなくなるのである。

では、三島の主張をどう受け止めるべきか。「非常事態」と「緊急事態」を用法上区別する考え方もあるが、ここでは「緊急事態」と同義として扱う。「国家緊急権」とは、戦争・内乱・恐慌・大規模な自然災害など、平時の統治機構をもっては対処できない非常事態において、国家の存立を維持するために、国家権力が、立憲的な憲法秩序を一時停止して非常措置をとる権限を言う（芦部前掲書）。そして、人権の制限を伴うことが多いので、多くの国ではその行使の要件を予め憲法で決めている。この観点から見ると、緊急時において国民の所有権の収用などが自衛隊法には規定されていないので、自衛隊の活動に制限があり、不備であるとする①の見解は、妥当と言えよう。

また、②は非常事態法の本質を突いている。緊急時に現行の法体系を停止することは、一時的に立憲主義の崩壊になるが、緊急時に現行法を守るために、平時に特別の法を作っておく必要性を説いているのである。③は②と連動しており、非常事態法設置の理論的根拠を明快に教えてくれる。憲法に非常事態の規定がない場合は、法に基づかない「力」によって国家・国民が支配されることになり、立憲主義を破壊する最悪の状態になるのである。この点は、「法」に対する三島の慧眼《けいがん》を示している。

2 必要論と不要論を比較検討する

必要論を説くのが西部邁である（前掲書）。西部は改正私案で、内閣の職務として、「緊急事態を決定し、それを宣言すること」という文言を追加すべきであると主張する。その根拠は何か。西部は、緊急事態条項とは、「市民による支配」「法による支配」を一時的に否定するが、市民の常識によっても法の理念によっても対処しえない「未知の領域」のあることを認め、その「未知の領域」に対して予め制度的準備をしておくものとしている。「市民による支配」を一時否定することによって、最終的に「市民による支配」を肯定するわけである。説明の仕方は異なるが、これは三島の必要論と一致するものであり、両者は共通の理論的根拠に立っているのである。

また、西修は、改正私案の中で、次のような規定を試みている（『憲法改正の論点』）。

「内閣総理大臣は、外部からの武力攻撃、内乱、組織的なテロ行為、大規模な自然災害、重大なサイバー攻撃その他の国家緊急事態が発生したと認めるときには、法律の定めるところにより、国家緊急事態を宣言することができる。この国家緊急事態の宣言は、事前に、またはとくに緊急の必要があり、事前に国会の承認を得るいとまがない時には事後に、国会の承認を得なければならない」

さらに次の条で、緊急事態が発せられた場合には、「国際人権規約」にしたがい、法の下の平等、思想及び良心の自由、表現の自由などの人権を侵す制約を課してはならないと規定し、一定の歯止めをかけているのは、妥当な提言である。

では、不要論の代表格として樋口陽一を選び、その主張をまとめてみる（『「憲法改正」の真実』）。

① 国家緊急権とは、権力の暴走を防ぐために手足を憲法で縛っているところを、緊急時だけ解いてしまうものであり、立憲主義の根幹に関わる、痛みを伴う議論である。国家緊急権を憲法化することには反対である。憲法自身に国家緊急権を書き込むことは、原則と例外が対等に並ぶことになるので、憲法で国民の自由を保障し、緊急時の対応を定めた法律による自由の制限が例外的にありうる、という大きな枠組みを維持すべきである。

② 法を越えることを許された法に頼ると、権力者はこれを手離せなくなる。国家緊急権は劇薬かつ麻薬である。フランス憲法でも規定されているが、その適用に際しては、大きな論争の種になっている。ドイツの基本法は、立法府の関与、裁判所によるコントロールなど、手続き的に用心深い制度上の段取りを確保しようとしている。しかし、他国と同様のことは日本では期待できない。

③ 緊急事態条項が憲法に加えられると、国家が国民の権利を取りあげ、協力という義務を課すようになり、「前近代」の国家に逆戻りする。ホッブズの『リヴァイアサン』以来、ロック、ルソーに至るまで、

人類社会は苦心惨憺《さんたん》して、国民の自己決定と個人の自由との均衡をとることを学んできた。安全をひたすら第一義に置くことは、退行のはじまりである。

樋口の①の前半の見解については、正《まさ》に三島や西部が言及した点である。国家緊急権は、立憲主義を一時停止するという痛みを伴うことによって、国民の命や人権を守り、立憲主義を救おうとするものなのである。ここで樋口は、国家緊急権の設定を認める一方で、憲法に定めることに反対し、憲法で規定すれば原則と例外が対等に並ぶので、法律で規定すべきであると主張している。ところが、国家緊急権の法的形態としては、予め憲法上定めておく大陸型と、憲法上の定めを置かず、法律や議会の議決によって対処する英米型があるとされる（杉原泰雄編集代表『新版 体系憲法事典』）。したがって、樋口の主張する「法律による規定」が普遍的形態というわけではないので、我が国の実状に適した形態を選択すべきである。立憲主義の観点から考えれば、現憲法で基本的人権の保障という〈原則〉を規定しているので、その〈例外〉となる、人権制限を伴う緊急権も、国会承認の必要性などを付記して憲法に明記する方式の方が、政権の権力乱用を防ぐとともに、国民の理解を得やすいと考える。

次に、②の論旨については首肯できる。ただし、劇薬だからこそ、その乱用を防ぐために憲法で縛りをかけなければならないのである。手続き的に慎重な規則を決めているドイツなど、他国の憲法を参考にしながら、我が国でも可能なはずである。いかなる政権であろうと、恣意的な運用ができないように、行政・立法・司法の関与のあり方などを憲法で精密に規定することが必須の条件となる。この点で、人権を守るための一定の制約を設ける西修の案も有益であろう。

③の見解には本質的な問題が潜んでいる。緊急事態条項は、国家が国民の権利を取りあげ、協力という義

務を課すようになり、「前近代」の国家に逆戻りするという指摘は、根本的に誤っている。なぜなら、すでに述べたように、緊急事態の規定は、危急が起った際に「国民の生命・自由」が奪われないようにすることが目的であり、そのために一時的に「国民の自由」を制限し、国民が国家に協力するものだからである。この「逆説の論理」こそ、国家緊急権の本質である。しかもそれは、権力者が勝手に用いることのないように、予め国民の合意によって成り立つものであり、「国民主権」の原理に基づいているのである。

確かに、自由や人権を獲得するために幾多の人命が犠牲になった歴史的事実はある。しかし、成立した「人権尊重」と「法の支配」の理念は、結果として人間の命を守る働きをする。このように、「生命」と「人権・法」との間には「相互作用」がある。したがって緊急事態の考え方は、ホッブズ以来、人類が獲得してきた〈国民の自己決定と個人の自由との均衡〉を否定するものではなく、逆に「個人の生命と自由」を守るために、敢えて一時的に「個人の自由の権利」を停止するのである。それは、ホッブズ以前の、「万人の万人に対する闘争」という〈前近代〉の社会に逆戻りすることではない。むしろ逆に、ホッブズ、ロック、ルソーの理念を生かした上で、緊急時の無法状態を克服し国民の生命を守るために、新たな法をつくることによってそれを補正するものなのである。樋口は①で、憲法ではなく法律に規定するのならば国家緊急権を認めると言明したのに対して、ここでは国家緊急権そのものを否定しており、論理的に矛盾している。

今日、人類は、他国からの突然の不法な侵略、自然大災害などの突発的な緊急事態を現実に経験している。また、ウィルス災禍に見られるように、人権を重んじる西欧諸国でさえ、感染拡大を防ぎ人命を守るために都市封鎖などの非常事態宣言を発し、人の交流と個人の自由を一時的に制限する対策をとらざるを得ないのである。それは恒常的な措置ではなく、あくまで終息するまでの臨時の措置である。国家の独立と国民の命を守るために、人権との兼ね合いに配慮しながら、考えられる限りの合理的な方策を用意しておくことが不可欠である。

三島の提起した非常事態法は、疑う余地のない「今日的な緊急課題」なのである。

第三章　第九条を根本的に究明する

なぜ、「第九条」を単独の章として独立させるのか。それは、九条が、制定以来今日まで憲法論の最大の争点であり、国論を二分するテーマだからである。例えば、条文の解釈の仕方により、「戦争」の定義、「自衛のための戦力」などに関して異なった結論が導かれるため、これまで大きな混乱を引き起こしている。さらに加えて、戦争と平和の問題に関わる、大きなテーマだからである。したがって、単なる国防の問題として捉えるだけでなく、戦争の倫理性や非暴力主義・絶対平和主義などの、人間性の本質に関わる思想論的テーマにまで踏み込みながら論ずることを迫られるのであり、二重の困難性を孕《はら》んでいるのである。

本章では、三島の問題提起に従って、第九条誕生の経緯から始め、GHQの意図、条文の本来の意味、自衛隊の合憲性の有無、日本政府の解釈改憲などの論点に絞って考究を進める。さらに、有力な九条護持論と向き合うとともに、三島由紀夫の九条改正論を始めとして注目すべき九条改正論を読み解く。その際には、それらのすべてに対して私の見解を付け加え、対論形式で第九条の究明を試みる。そして最後に、私の九条改正論を提言する。

第一節　第九条と自衛隊をどう解釈するべきか

1　第九条誕生の真相

第九条は幣原喜重郎の「進言」によって生まれた

三島は、第九条は我が国の戦勝国に対する〈詫証文《わびしょうもん》〉だと言った。つまり、アメリカに歯向かったことは悪かったと許しを請《こ》う証文と見なした。この指摘は第九条の性格に関わる問題なので、この条文誕生の発端を確かめる必要があるだろう。

第九条の発案者とされる幣原喜重郎の意図を改めて確認すると、彼は回顧録『外交五十年』の中で、こう語っている（一部中略）。

「戦後の混とんたる世相の中で、私の内閣の仕事は山ほどあった。中でも一番重要なものは新しい憲法を起草することであった。そしてその憲法の主眼は、世界に例のない戦争放棄、軍備撤廃ということで、日本を再建するにはどうしてもこれで行かなければならんという堅い決心であった」

「戦争を放棄し、軍備を撤廃して、どこまでも民主主義に徹しなければならないということは、前に述べた信念からであった。それは一種の魔力とでもいうか、見えざる力が私の頭を支配したのであった。よくアメリカの人が日本へやって来て、こんどの新憲法というものは、日本人の意思に反して、総司令部の方から迫られたんじゃありませんかと聞かれるのだが、それは私に関する限りそうじゃない、決して誰からも強いられたんじゃないのである」

一方、幣原の発案に驚嘆し、感激したのがマッカーサーであった。戦前日本の軍国主義を葬り去りたかったマッカーサーは、幣原の考えを「渡りに船」と利用し、連合国の文書やアメリカ本国の指令には一切明記されていない「軍備撤廃」をマッカーサー・ノートに明文化したとしても何ら不思議ではない。両者の思惑が一致したのである。

では、なぜ幣原は戦争放棄・軍備撤廃の理念をマッカーサーに提案したのであろうか。この疑問を解明するために、幣原の政治理念と心理に分け入ってみよう。幣原は、大正一三年（一九二四）から通算五年以上にわたって外務大臣を務めた。昭和五年（一九三〇）のロンドン軍縮条約の締結に尽力し、平和・軍縮・協調の外交を積極的に推進し、「幣原外交」として世界に名を知られた外交官であった。国際協調と恒久平和、対支那内政不干渉の原則を貫いたが、昭和六年に満州事変が勃発し、混乱の内に外相を辞任せざるを得なかった（幣原平和財団編著『幣原喜重郎』）。

したがって、軍部から「軟弱外交」と批判され、軍国主義に懲《こ》り懲《ご》りした幣原が、総理大臣という最高権力者の地位についたことにより、戦争放棄と軍備撤廃という徹底した平和主義による国家再建を決意したとしても何ら不合理ではない。

幣原は昭和二一年一月二四日にマッカーサーと会談した時の心境を、のちにこう語っている。

「僕はマッカーサーに進言し、命令として出して貰《もら》うように決心したが、これは実に重大なことであって、一歩誤れば首相自らが国体と祖国の命運を売り渡す国賊行為の汚名を覚悟しなければならぬ。松本君にさえも打ち明けることの出来ないことである。したがって誰にも気づかれないようにマッカーサーに会い、二人きりで長い時間話し込んだ。すべてはそこで決まった訳《わけ》だ」（平野三郎「幣原先生から聴取した戦争放棄条項等の生まれた事情について」――寺島俊穂抜粋・解説『復刻版　戦争放棄編　参議院事務局編「帝国憲法改正審議録　戦争放棄編」抜粋』の付録文書)

ところが、松本大臣を委員長とする憲法問題調査委員会が作成した憲法改正要綱案は、「軍」の規定を明記した(佐藤達夫前掲書第二巻)。これが一月三〇日の閣議にかけられた時、幣原は「今日《こんにち》この規定を置くことは刺激が強すぎると思う」と述べて、軍規定を削ることを主張した。だが、将来再軍備が認められる場合を想定して、軍規定への理解をGHQに求めることで閣議は合意した。

ここに、幣原の、矛盾した二つの顔が明瞭に投影されている。マッカーサーに戦争放棄・軍備撤廃の理想を語ったにもかかわらず、閣議では最終的に軍の規定を容認した。そして、委員会案がGHQによって拒否され、マ草案を原案とした第九条が成立したことによって自分の理想が実現されたことに満足し、回顧録で〈魔力のような信念〉であったと主張したのである。

幣原の外相時代における平和・軍縮・協調の外交方針は、高く評価できる。しかし、マッカーサーへの「進言」は、見過ごせない重大な問題である。幣原自身が語っているように、それは単なる発案ではなく、マッカーサーの「命令」として出してもらうことを意図していたからである。日本国の最高指導者である内閣総理大臣が、政府内でみずから主体性と実行力を発揮することなく、マッカーサーの「命令」に頼ったことは、総理大臣として失格であるという、単なる幣原個人の資質の問題であるだけではない。国家主権を放棄し、憲法の「自律性」と「正統性」を毀損《きそん》する行為にほかならないのである。

以上の資料分析によって、九条は幣原の「進言」によって生まれたと断定でき、三島の〈詫証文〉という認識は、的を外しているように思われる。

しかし、もっと本質的な問題がある。進言者が幣原であったとしても、具体的な条文を作った訳ではない。戦争放棄・軍備撤廃をマ・ノートに書いたのはマッカーサーであり、さらに部分修正をして条文の形に整えたのは民政局だからである。根本的な問題は、起草当事者であるＧＨＱの意図を正確に把握することであり、またそれが我が国の国防という重大な問題に対してどのような意味を持つのか、という点である。と同時に、ＧＨＱの指示に従った日本政府が制定当時どのような解釈をし、その後解釈がどのように変遷したかを解明することが必要不可欠なのである。

２　「戦争放棄」と「自衛権保持」と「戦力不保持」——矛盾に満ちた第九条

三島由紀夫は、第九条を論理的に解釈すれば、自衛権も明白に放棄されており、いかなる形の戦力の保持も許されず、交戦権を有しない、と主張した。そこで、自衛権と自衛のための戦力は放棄されているのかという、根本的な問題を見極める必要がある。

第九条決定までの経緯

先ず、マッカーサー・ノートからＧＨＱ草案、日本政府原案、決定条文へと至る変遷をたどることによって、第九条決定までの経緯を綿密に解明してみよう（高柳他前掲書Ⅱ、傍点藤野）。

（１）　マ・ノート

国権の発動たる戦争は、廃止する。日本は、紛争解決のための手段としての戦争、さらに自己の安全のための手段としての戦争をも、放棄する。日本は、その防衛と保護を、今や世界を動かしつつある崇高な理想に委《ゆだ》ねる。

日本が陸海空軍をもつ権能は、将来も与えられることはなく、交戦権が日本軍に与えられることもない。

（2）GHQ案

国権の発動たる戦争は、廃止する。いかなる国であれ他の国との間の紛争解決の手段としては、武力による威嚇または武力の行使は、永久に放棄する。

陸軍、海軍、空軍その他の戦力をもつ権能は、将来も与えられることはなく、交戦権が国に与えられることもない。

（3）日本政府原案

国の主権の発動たる戦争と武力による威嚇又は武力の行使は、他国との間の紛争の解決の手段としては、永久にこれを抛棄《ほうき》する。

陸海空軍その他の戦力は、これを保持してはならない。国の交戦権は、これを認めない。

（4）決定条文

日本国民は、正義と秩序を基調とする国際平和を誠実に希求し、国権の発動たる戦争と、武力による威嚇又は武力の行使は、国際紛争を解決する手段としては、永久にこれを放棄する。

前項の目的を達成するため、陸海空軍その他の戦力は、これを保持しない。国の交戦権は、これを認めない。

この変移を見れば、（1）にある〈日本は、その防衛と保護を、……〉の部分が（2）では削除されているが、これは表現を変え前文に移されて、その主旨は生かされている。（4）の冒頭部に〈日本国民は、……〉という追加文があるが、これは帝国議会で修正されたものである。大きな変更点は（1）、（3）、（4）の傍点を付した三カ所である。そしてこれらが、自衛権の有無や、自衛のための戦力保持の是非に関わる重要な変更点であり、今日まで延々と続いている論争の的になっているのである。そこで、順番にその変更内容の詳細な分析を試みる。

先ず、（1）にあった〈自己の安全のための手段としての戦争をも〉の部分が、（2）で削除された経緯を探ってみる。この変更について、ホイットニー局長は、「国家に固有の自衛権の存在とその行使」を否認するような非合理的なことを憲法の明文で規定するのは不適当であるという考えから、民政局が削除し、マ元帥の承認を得た、と言っている（高柳他前掲書Ⅱ）。これは重大な変更である。「自衛権」とは、通常、外国からの急迫または現実の違法な侵害に対して、自国を防衛するために必要な一定の実力を行使する権利、と定義される（芦部前掲書）。したがって、「自衛権とその行使」は国際的に認められた当然の権利なので、民政局による削除は正当と言える。

この点についてマッカーサーも、退官後に憲法調査会会長・高柳賢三の質問に答えた書簡の中で、「第九条は、もっぱら外国への侵略を対象としたものであり、国の安全を保持するために必要なすべての措置をとることを妨げるものではない」と述べている（高柳他前掲書Ⅱ）。したがって、マッカーサーも「自衛権とその行使」を認めていたのであり、当初の、「自衛戦争を含めたあらゆる戦争の放棄」の部分を修正したことは確実である。

しかし、この削除によってもなお問題が残されている。なぜなら、ＧＨＱ案は〈国権の発動たる戦争は、廃止する〉と〈他国との間の紛争解決の手段としては、武力の威嚇または武力の行使は、永久に放棄する〉とが独立している。つまり、〈紛争解決の手段〉である侵略的行為が、前段の〈国権の発動たる戦争は、廃止する〉にかかっていないのである。したがって、侵略戦争だけでなく自衛戦争も含めて、「国権の発動たる戦争」はすべて禁止されると解釈できる。これでは「自衛権とその行使」は認められないことになり、民政局の修正は何ら意味を持たないことになるのである。

しかも、第二項では〈陸海空軍その他の戦力〉及び〈交戦権〉は禁止されている。「戦力」とは、軍隊及び有事の際にそれに転化しうる程度の実力部隊であり、「警察力」と区別される（芦部前掲書）。したがって、「自衛権とその行使」が認められているのに、〈陸海空軍その他の戦力〉及び〈国の交戦権〉が禁止されるのであれば、外国からの侵略を受けた際には、無抵抗主義に徹するか、もしくは警察力やゲリラ戦などで戦うしか方法はないことになる。しかし、現代の発達した軍事力には通用しないこのような戦法が、何の効果もない、非現実的なものであることは、火を見るよりも明らかである。この点も看過できない不合理な点である。

結局、民政局が解釈上「自衛権とその行使」を認めながら、修正した文言も依然として「自衛権とその行使」が認められておらず、さらに「軍隊保有及び交戦権の禁止」をそのまま条文に残したという過ちを、マッカーサーも承認してしまったのである。GHQ案は、憲法典としての合理性が欠落していると言うべきである。

では、GHQ案の「不合理性」はなぜ生じたのか、その原因を推論してみよう。

マ・ノートでは、〈自己の安全のための手段としての戦争をも〉放棄するとしたため、〈紛争解決のための手段としての戦争〉は勿論のこと、〈国権の発動たる戦争〉はすべて禁止されることになる。したがって、

〈陸海空軍をもつ権能〉も〈交戦権〉も、当然禁止される。こう解釈すれば、マ・ノートは全体として論理的に一貫性がある。したがって、「自衛戦争を含む一切の戦争放棄」と「軍隊保持及び交戦権の禁止」を規定したマ・ノートは、「絶対平和主義」であり「非武装主義」だったのである。

ところが、民政局は「絶対平和主義」を修正した。「自衛権とその行使」を認めるために、〈自己の安全のための手段としての戦争をも〉の部分を削除した。これは正しいが、そのほかの部分をそのまま残してしまった。その結果、「自衛のための戦争」が認められるにもかかわらず、〈国権の発動たる戦争〉はすべて禁止され、矛盾が生じたのである。同時に、「自衛権とその行使」を認めるのなら、〈陸海空軍をもつ権能〉及び〈交戦権〉も認めて当然であるのに、これらの禁止条項を残したために、二重の矛盾を作り出した。そして、マッカーサーもこの矛盾に気づかずに民政局案を承認してしまった。ここに、ＧＨＱの詰めの甘さがあり、錯誤の連鎖が生じたのである。

しかし、「自衛のための戦争」が容認されるのであるから、禁止されるのは、紛争解決のための手段としての戦争＝侵略戦争に限定されなければならない。同時に、侵略戦争だけを禁止するのであれば、〈陸海空軍その他の戦力の保持〉を全面的に禁止する必要はない。軍隊を持っていても必ず侵略戦争を起こすとは限らないからである。外交努力や、国際条約、国連機能の充実などによって平和は達成可能であるから、〈陸海空軍その他の戦力の保持の禁止〉は絶対的必要条件ではない。したがって、論理的整合性を確保し、自衛権を行使できるように、第二項の〈陸海空軍その他の戦力の保持〉及び〈国の交戦権〉の禁止の部分を削除しなければならなかったのである。

ちなみに、一九二八年にパリで調印された「不戦条約」（正式名「戦争放棄に関する条約」）は、国際紛争解決のために戦争に訴えることを禁止し、国家の政策の手段としての戦争を放棄することを明記した。その結果、「侵略目的の戦争」は国際法上違法なものとしてすべて禁止されることになった（杉原高嶺他前掲書）。マ・ノートを修正したGHQ案の理念は、この「不戦条約」の内容とほぼ一致することが判明する。しかし「不戦条約」では明記されていないが、「自衛権とその行使」は認められると解釈されており、〈陸海空軍などの戦力〉や〈交戦権〉は禁止されていない。厳密に考察すれば、GHQ案は「不戦条約」とも合致していないのである。

結論として言えば、民政局はマ・ノートを修正した時に、第一項の、禁止される「戦争」の定義について、自衛戦争か侵略戦争なのかを明確にしなかったために、曖昧《あいまい》さが生まれた。また第一項の〈自己の安全のための手段としての戦争をも〉の部分だけを削除したが、第二項がそれと論理的に整合するかどうかを検討せず、そのまま残したために、重大な矛盾を生じさせたのである。そして、この過誤こそが、第九条を巡《めぐ》って多様な解釈が生まれ、大論争を引き起こすことになる最大の要因であると推定する。この推定は決して妄想などではなく、「矛盾」の生じた説明として合理性があると確信する。短期間で考案したために、論理的整合性の欠如した憲法を作り上げたGHQの罪は重いと言っても誇張ではないだろう。

以上に指摘した様々な矛盾点のうち、GHQ案に基づいて政府原案が作成された際に、重要な修正がなされている。それが、先に提示した（3）「日本政府原案」で傍点を付した「国の主権の発動たる戦争及び武力による威嚇又は武力の行使は、他国との間の紛争の解決の手段としては、永久にこれを抛棄する」の部分である。この修正によって、「他国との紛争解決の手段としては」という条件が「国の主権の発動たる戦争」と「武力の威嚇又は行使」の両方にかかることになり、「侵略戦争」だけが禁止され、「自衛戦争」は認められることになるのである。

この点について松本大臣は、枢密院での政府原案審議における質問に対して、「不戦条約と精神は同じである。第九条は自衛権を否認したものではない」と答えている。また、この原案作成に加わっていた佐藤達夫も、この修正によって、第一項に関する限り「自衛戦争」は認められることになり、はっきりした、と語っている。さらに、GHQとの交渉の中で、この点についてGHQからの格別の異論も聞かなかったし、質問も受けなかった、と証言している（佐藤達夫前掲書第三巻）。加えて、GHQ関係者も、「自衛のことは当然と考えていたので、政府原案も、その後の帝国議会での芦田修正も、そのまま受け容《い》れた」と、渡米した憲法調査会メンバーに語っているのである（高柳他前掲書Ⅱ）。

以上の、日米双方の関係者の証言によって、第一項の修正の結果、「自衛権とその行使」、すなわち「自衛のための戦争」は認められると解釈できるのである。ただし、修正されてもなお曖昧《あいまい》さが残るのも確かであり、明確に「自衛戦争はその限りではない」もしくは「侵略戦争は放棄する」などの文言を入れなかったために、その後解釈を巡って混乱を引き起こすことになったと考えられる。

しかも、さらなる問題がある。なぜなら、先に指摘したように、第二項の「軍隊などの戦力の保持」と「交戦権」を禁止する文言を削除しなかったので、「自衛権とその行使の権利」はあっても、「軍隊などの戦力の保持」と「交戦権」は禁止されたままだからである。その結果、「自衛権」はあるが「軍隊」と「交戦権」を持てない我が国は、実際に「自衛戦争」を行なうことは不可能である。侵略を受けた際には、「無抵抗主義」を貫いて大勢の国民の「死」を甘受するか、もしくは「警察力」や「市民蜂起《ほうき》によるゲリラ戦」で戦うしか方法はないことになる。崇高な理想主義を高唱するこの条文の実体は、現実に適合しない不条理なものなのである。

帝国議会での白熱した論議

以上の経緯で作成された政府原案は帝国議会に諮《はか》られたが、吉田首相は衆議院本会議における第九条に関する質疑の中で、自衛権の名の下に多くの侵略戦争が行われてきたと述べた上で、こう答えた（清水前掲書第二巻）。

「本規定は、直接には自衛権を否定はして居《お》りませぬが、第九条第二項に於《おい》て一切の軍備と国の交戦権を認めない結果、自衛権の発動としての戦争も又交戦権も放棄したものであります」

この説明は、九条の正確な解釈である。ただし、GHQ案の矛盾をそのまま引き継いでおり、「自衛権」はあっても「自衛のための軍隊」も「交戦権」も認められないので、「自衛戦争」も認められないという、過酷な絶対平和主義に徹するしか道はないことになるのである。

したがって帝国議会の審議では、当然議論が沸騰した。戦争放棄と軍備撤廃という崇高な理念に感動し、日本国民は世界に先駆けてこの理想を宣言すべきであるという賛成論を、幾人かの議員が熱く語った。

しかし他方で、現実を見据えた冷静な主張も多く出された。再三取り上げることになるが、南原繁は、滔々《とうとう》と弁舌を振るった。少し長くなるが、根源的な提起をしているので、一部を省略して引用する。

「是《これ》は新たに更生しました民主日本が、進んで世界の恒久平和への日本民族の新たな理想的努力を捧げる決意を表明するものとして、賛同惜しまざる点でございます。それだけに問題があることを又私共は考えなければならぬのであります。理想は高ければ高いだけ、現実の状態を認識することが必要でございます。そうでなければ、それは単なる空想に終わるでございましょう。戦争はあってならぬ。是は誠に普遍的なる政治道徳でありますけれども、遺憾ながら人類種族が絶えない限り、戦争があると云《い》うのは歴史の現実であります。従って私共は此の歴史の現実を直視して、少なくとも国家としての自衛権と、それに必要なる最小限度の兵備を考えると云うことは、当然のことでございます。

国際聯合《れんごう》憲章の中には、斯《か》かる意味の国家の自衛権は承認されていると存じます。又国際聯合における兵力の組織は、各加盟国がそれぞれ之を提供する義務を帯びて居《お》るのであります。斯かる権利と義務を抛棄《ほうき》するのであれば、日本は永久に唯《ただ》他国の好意と信義に委《ゆだ》ねて生き伸びむとする所の諦念主義に陥る危険はないのか。寧《むし》ろ進んで人類の自由と正義を擁護するが為に、互に血と汗の犠牲を払うことに依《よ》って相共に携えて世界恒久平和を確立すると云う積極的理想の意義が失われるのではないかと云うことを憂《うれ》うるのであります。

現在の国際政治秩序の下に於《おい》ては、苟《いやしく》も国家たる以上は、自分の国を防衛し其《そ》の為の設備を持つと云うことは、普遍的な原理である。之を憲法に於て抛棄して無抵抗主義を採用する何等の道徳的義務はないのであります。若《も》し最小限度の防衛をも抛棄されるのならば、国家としての自由と独立を自《みずか》ら抛棄したものと選ぶ所はないのであります。国際聯合は決して国家の斯かる自主独立性を否定して居りませぬ。寧ろそれを完全なものにする為に、互に聯合して、世界に普遍的な政治秩序を作ろうと云うのがその理想であります。斯かる新しい国際運動は、各国の民族共同体を越えて、世界人類共同体と云う理想を目途《もくと》として居るものと解釈するのであります。此の世界共同体の理想に於きましては、飽《あ》く迄《まで》も人類の理性と良心に愬《うった》え、平和的方法に依って達成しようとする所の大《おおい》なる理想があるのであります」

南原は、国家の自主独立性を保持し自衛権を行使して、国家防衛のための、必要最小限度の軍備は必要であることを説いた。と同時に、人類の自由と正義を擁護するために、世界が互に血と汗の犠牲を払うことによって、相共に携えて世界恒久平和を確立するという国連中心の積極的平和主義を提唱した。理想と現実を見極めた明哲な見識であり、今日の日本にも十分通用する卓見であった。

それに対して吉田首相は、今の日本は第一に独立を回復することが差し迫っての問題であり、自衛戦争の放棄の是非や、国連加入という将来の問題については答えられない、と答弁した。これこそ、思考停止であり、根本的な問題から逃避したのである。

日本共産党所属でのちに党議長を務めた野坂参三は、戦争には、侵略された国が自国を護るための正しい戦争と、侵略をする不正な戦争の二つの種類があり、戦争一般の抛棄という形でなしに、「侵略戦争の抛棄」とするのが最も的確であると主張した。

しかし吉田首相は、戦争の多くは国家防衛権の名において行われており、正当防衛権による戦争を認めることは、戦争を誘発する所以《ゆえん》であり、有害無益の考えであると言い切り、この提案を拒否したのである。

また、同和会所属で、福岡など四県の知事を務めた沢田牛麿《うしまろ》は、将来日本が軍備を許されることがあれば、この条文では軍備を持てないので、自衛のための軍備まで禁止する必要はないと主張した。この見解は、その後のマッカーサーの命令による警察予備隊創設から、保安隊、自衛隊へと変貌する再軍備の現実を予見していたのであり、沢田は紛《まぎ》れもなく予言者であった。

ほかにも、戦力や交戦権の定義、国際法や国連憲章との関係など、多彩な論戦が繰り広げられている。当時の国会論議に耳を傾ければ、今日に至るまで議論の絶えない、「自衛のための戦争」、「自衛のための戦力」、「国連との連携による国際平和」などの問題がすでに深く掘り下げて討議されていたのである。当時の国会議員の高い識見に敬服の念を覚える。

ではここで、先に示した（4）「決定条文」で、私が傍点を付した「前項の目的を達成するため」の本当の意味を浮上させてみよう。この修正をした特別委員会の委員長であった芦田均《ひとし》は、衆議院本会議における報告でこう言明している（佐藤達夫前掲書第四巻）。

「第九条の規定する精神は、人類進歩の過程に於て明らかに一新時期を画するものでありまして、日本国民が他の列強に先駆けて正義と秩序を基調とする平和の世界を創造する熱意あることを的確に表明せんとする趣旨であります」

「政府の見解は、一項が自衛の為の戦争を否認するものではないけれども、第二項に依《よ》ってその場合の交戦権も否定せられて居ると言うのであります」

つまり、第一項で自衛権の行使としての戦争は認められるが、第二項で自衛のための軍隊や交戦権は認められないという政府解釈を踏襲していることになる。したがって、単純に一項と二項とを結び付けただけだったのであり、何ら実質的な変更を意味するものではなかったのである。

ここで、いわゆる「芦田修正」に関連して、GHQに怠慢があったことを明記しておかねばならない。その後の審議において、第六六条に「内閣総理大臣及びその他の国務大臣は文民でなければならない」という語句が追加されたが、これは、極東委員会がGHQに要求し、GHQが日本政府に修正させたものである。極東委員会は、九条第二項に「前項の目的を達するため」が加えられたことにより、自衛のための軍隊保持が可能になったと判断し、将来日本が再軍備をすることを想定して、内閣総理大臣及びその他の国務大臣は「シヴィリアン（文民）」でなければならない、と強く要求したのである（佐藤達夫前掲書第四巻）。

したがって、芦田修正に対する誤解があったにせよ、極東委員会が「自衛のための軍隊保持」を容認していたことは確実である。そうであれば、GHQは日本政府に「自衛のための軍隊保持」は可能であるという指示をし、第二項を削除させるべきであった。にもかかわらず、それを怠った。ここにもGHQの重大な過《あやま》ちがあり、第九条を迷走させた要因の一つなのである。

国会審議を総じて振り返ったとき、政府の答弁はGHQ案に呪縛《じゅばく》されて、矛盾に満ちた見解をそのまま鵜呑みにしていることが露《あら》わになっている。それだけに、南原繁を始めとする良識ある議員の正論が、ほかの多くの議員の賛同を得られることなく埋没してしまったことは、返す返すも惜しまれるのである。

改正案は衆議院本会議において、賛成四二一、反対八の圧倒的多数で可決された（佐藤達夫前掲書第四巻）。

3　法理を破壊したGHQと「解釈改憲」を重ねた日本政府

第九条解釈の問題は、制定の当初から今日まで、政治上及び思想上の大きな争点である。特に自衛隊の存在はその象徴であり、自衛隊誕生までの経緯と、「自衛のための戦力」についての政府見解の変遷を探査してみよう。

自衛隊の前身はいかにして生まれたか

朝鮮戦争勃発（一九五〇年六月）によって在日米軍が朝鮮半島に出動することに伴い、日本が軍事的に空白化することに備えて、急遽《きゅうきょ》マッカーサーは「警察予備隊」の創設を命じた（佐道明弘『自衛隊史論　政・官・軍・民の60年』）。ＧＨＱが主導して作らせた憲法の手前、明確な軍隊組織の創設を命じることはできなかったので、「事変・暴動等に備える治安警察隊」として設置され、法的性格は「警察組織」であった。しかし、この時再軍備を示唆していることは明らかである。東西対立という国際情勢の急迫によって、戦力不保持の方針を一八〇度転換したのである。

しかし、警察組織とされた「警察予備隊」がのちに「自衛隊」へと発展する実態を直視すれば、マッカーサーの指令は姑息《こそく》な手段であった。その後の推移を見れば、みずから作った憲法に反する行為であり、法理を崩壊させるものであった。勿論、東西の冷戦・対立という当時の国際情勢を考慮するなら、軍備保持は妥当な政策とも言える。だが、そうであれば、「警察予備隊」が「警察組織」である間に第九条の改正を日本政府に指示するべきであった。一方、日本政府もＧＨＱに九条改正を要求すべきだったのである。そうしていれば、その後の保安隊も自衛隊も、法理に則り正々堂々と設置できたはずである。

さらにもう一つの重大な出来事がある。一九五一年九月に署名されたサンフランシスコ平和条約と同時に締結された日米安保条約において、日本は次のように明らかにした（渡辺治編著『憲法改正問題資料　上』）――「日本国は武装を解除されているので、平和条約の効力発生の時において固有の自衛権を行使する有効な手段をもたない。日本国はその防衛のための暫定措置として、日本国に対する武力攻撃を阻止するため日本国内及びその付近にアメリカ合衆国がその軍隊を維持することを希望する」。

一方アメリカは、「平和と安全のために、現在、若干の自国軍隊を日本国内及びその付近に維持する意思がある」ことを認めた。それと同時に、「日本国が、攻撃的な脅威となり又は国際連合憲章の目的及び原則に従って平和と安全を増進すること以外に用いられうべき軍備をもつことを常に避けつつ、直接及び間接の侵略に対する自国の防衛のため漸増的に自ら責任を負うことを期待する」と言明した。

重要な点は、後段の部分が、命令ではないにせよ、日本の再軍備を期待していることである。軍備不拡大の条件をつけながら、一切の軍備保持を禁止した憲法条文を、緩《ゆる》やかに、かつ巧みに変更しているのである。

そしてその結果、日本政府は五二年一〇月に警察予備隊を増強改組し、保安隊と警備隊（海上部隊）を設置した。保安隊は、法制上は「治安維持」を主任務とする部隊であったが、具体的任務は、「わが国の平和と秩序を維持し、人命及び財産を保護するため、特別の必要がある場合において行動する」ことであった。「警察」と明確に位置付けられた警察予備隊に比べれば、治安維持部隊＝警察軍的組織になっており、「軍隊」により近づいたのである（佐道前掲書）。

以上の歴史的事実を直視するなら、軍備放棄の第九条があるために警察予備隊ができ、さらに日米安保条約が締結されたのである。その結果、保安隊が設置され、着々と再軍備が進められた。したがって、その後の自衛隊成立の根源には第九条をそのままにして、理不尽な要求をしたアメリカの圧力があったこと、また、私たちが今日まで背負っている、安保条約に伴う基地問題などは、「第九条」にその起源があることを忘れてはならない。

日本政府の欺瞞的解釈

保安隊設置の状況が憲法第九条の禁止する「軍隊」ではないかという批判が巻き起こったのは当然であった。そのため、吉田茂内閣は国会においてたびたび答弁を求められた。そこで、五二年一一月に内閣の統一見解が出されたが、その要点は次のとおりである（渡辺前掲書）。

① 第九条第二項は、侵略の目的たると自衛の目的たるとを問わず、「戦力」の保持を禁止している。

② 右にいう「戦力」とは、近代戦争遂行に役立つ程度の装備、編成を具《そな》えるものをいう。

③ 保安隊および警備隊は戦力ではない。その本質は法的に警察上の組織であるから、軍隊ではない。保安隊等の装備編成は近代戦を有効に遂行し得る程度の実力でないから、憲法の「戦力」には該当しない。

この統一見解の①は、これまでの政府解釈を踏襲しており、妥当である。しかし②において、新しい解釈が提示されている。注目すべきは、保安隊は警察予備隊と同様、法的に警察組織であることを強調しつつ、初めて「戦力」の定義をし、「近代戦争遂行に役立つ程度の装備編成を具えるもの」とした点である。この定義を根拠にして、保安隊は「戦力」ではないので憲法に違反しないと強弁した。これが、「攻撃的な脅威となり又は国連憲章の原則に従う以外の軍備をもつことを避けつつ」という、安保条約におけるアメリカ側の要請に沿ったものであることは一目瞭然である。そして、「戦力」の能力と規模に歯止めをかけ、「警察力」と「戦力」の中間の実力部隊を設定することによって、少しずつ「軍備」の保有を認める解釈へと舵を切っていることを垣間見ることができる。ここに、改正によってしか成し得ないことを解釈によって変更し、解釈改憲による第一次の憲法改正が行われたのである。

このような「再軍備」のプロセスは、「安全保障の確保をアメリカに依存する日米安保体制を土台にし、軽武装、経済重視による戦後復興」を最優先課題と考える、いわゆる「吉田ドクトリン」へとつながるのである。

そして一九五四年七月、「わが国の平和と独立を守り、国の安全を保つため、直接侵略及び間接侵略に対し、わが国を防衛すること」を任務とする、陸・海・空の自衛隊が発足した。その組織・装備・実力は警察力を超えるものとなり、着々と軍隊化が進められた。しかし、自衛隊はこれまでの解釈ではうまく説明できないことが明らかとなり、何らかの変更は不可避であった。そこで吉田内閣から鳩山一郎内閣への交代を機に、五四年一一月、政府が新たに打ち出した解釈の基本は、以下のとおりである（渡辺前掲書）。

(1) 自衛権は、国が独立国である以上、当然に保有する権利であり、憲法はこれを否定していない。

(2) 九条第一項は戦争を放棄したが、それは「国際紛争を解決する手段として」の戦争、武力行使であって、自国に対し武力攻撃が加えられた場合に、国土を防衛する手段としての武力行使は放棄していない。

(3) 九条第二項は、陸海空軍その他の戦力の保持を禁止しているが、「自衛のための任務を有し、かつその目的のため必要相当な範囲の実力部隊を設けること」は禁止していない。自衛隊は、自衛のための必要相当な限度の実力部隊であるから、第二項が禁止している「戦力」には当らない。

これを見ると、(1)と(2)は正当な解釈である。しかし(3)は、吉田内閣の、「近代戦争遂行に役立つ程度の装備」を「戦力」とし、保安隊を「戦力」ではないとした解釈に対して、「自衛のために必要相当な範囲の実力部隊」は「戦力」ではないとし、「戦力」の定義を巧みにすりかえることによって、自衛隊は「戦力」ではないと解釈したのである。しかし、繰り返し述べているように、第二項では自衛のためであっても、警察力を超えた「陸海空軍その他の戦力」は禁止されているのであるから、「必要相当な範囲の実力部隊」であっても禁止されている。したがって、自衛隊を「自衛のために必要相当な範囲の実力部隊」と強引に定義して自衛隊を合憲としたこの段階で、解釈変更による第二次の憲法改正がなされたのである。

このあと日本政府は、「必要相当な」の部分を「必要最小限度の」に変えるが、この「戦力に非《あら》ざる自衛力」という欺瞞的論理で押し通すことになるのである。

このようにして、警察予備隊から保安隊・自衛隊へと改変・強化されることによって、憲法条文を改正することなく、解釈上で憲法の本旨を変更する動きが、なし崩し的に拡大する様相が鮮明に浮かび上がるのである。しかもその「解釈改憲」の過程は、主としてアメリカの要求という「外圧」に起因していることも明らかである。

以後保守政権は、自衛隊を合憲としつつも憲法改正が本筋であるとし、様々な試案を作るなど、盛り上がりを見せた。しかし、野党や護憲派の学者・知識人などが「憲法改悪絶対反対」の立場で対抗し、改正のための国会発議の要件である「三分の二の賛成」の壁を破れずに近年まで推移しているのである。

その間、国際情勢の変化に伴い、日米安保条約の改定（一九六〇年）、PKO等協力法の成立（一九九二年）、イラク復興支援特措法の成立（二〇〇三年）などによって自衛隊の任務は拡大を繰り返した。

さらに、二〇一四年に安倍政権の閣議決定において、集団的自衛権は違憲であるというこれまでの政府解釈を変更し、限定行使を条件としつつ、集団的自衛権の行使を認め、翌年、安全保障関連法が成立した（渡辺前掲書下巻）。国連憲章は個別的自衛権も集団的自衛権も認めている。しかし憲法は、「自衛権」を認めていても、「自衛権の行使としての戦力」を禁止しており、自衛隊自体が違憲である。したがって、この政府解釈も憲法違反であり、第三次の解釈改憲が行われたのである。国際情勢と国家防衛の現実に合わせて、自衛隊の「名」は「戦力」でないと強弁しつつ、「実」は「戦力」とすることに、見事に成功したのである。

なお、この事態は違憲であり、第九条を骨抜きにするものと批判している人たちは、一面で正しい（樋口陽一・杉原泰雄・奥平康弘・長谷部恭男など多数の憲法学者、及び阪田雅裕・柳澤協二などの元法制官僚）。だが、杉原泰雄を除いてこれらの人たちは、すでになされた第一次・第二次の「解釈改憲」に目をふさいでいるという点で、憲法の規範性を破壊し、立憲主義に反してきた政府解釈の全体像を不問に付している。これこそが根本的な誤りなのである。

私たちは、第九条成立の過程と自衛隊成立までの歴史的事実、そして政府解釈の変遷の実態を正確に知る必要がある。日本政府は、堂々と正面から憲法と対峙《たいじ》することを避け、「解釈改憲」を積み重ねることによって憲法を歪曲《わいきょく》し、自衛隊を拡大・発展させてきた。今日の自衛隊は、国内・国外における誰の目にも、明白に「戦力＝軍隊」である。自衛隊は「戦力」ではないという主張は、自衛隊を合憲とするための「詭弁《きべん》」以外の何ものでもない。第九条二項に忠実である限り、自衛隊は憲法違反なのである。

三島由紀夫は、現憲法ではいかなる形の戦力の保持も許されず、自衛隊は違憲なので、憲法を改正すべきであると訴えたが、改めて三島の声を傾聴すべきである。

なお最高裁は、自衛隊や日米安保条約の合憲性について、高度の政治性を有する行為であり司法審査の範囲外である、と判示している（芦部前掲書）。しかし、これは違憲審査権の放棄であり、司法権の放棄である。最高裁がこのような判断を続ける限り、独立した「憲法裁判所」を新たに設ける必要があるだろう。

4　混迷する憲法学者の解釈

第九条は、政治上の争点であったばかりでなく、憲法学的にも解釈が大きく分かれ、多岐に及んでいる。

ここで、憲法学者の解釈を、大石眞《まこと》京都大学教授による明解な分類に依拠して一覧表にしてみる（『憲法講義Ⅰ　第3版』）。

（1）法的効力を否認する社会学的解釈

（a）直ちには実現しえない理想をうたい、平和への意志を表わしたものとする政治的マニフェスト論（高柳賢三・阿部照哉など）

（b）裁判所が独自に判断しうるものでなく、最終的には国民自身の政治的選択に委ねられるとする政治的規範説（伊藤正己）

（2）法的効力を是認する伝統的文理解釈

（a）完全非武装説・全面否認説

①一項にいう「国際紛争を解決する手段」は、侵略戦争だけでなく自衛のための戦争をも含むと解し、あらゆる「戦争」を放棄するとともに、二項において一切の戦力を保持しないことを定めたものと解するもの（宮澤俊義・清宮四郎・芦部信喜、小林直樹・杉原泰雄・樋口陽一〔※この三名は、藤野が追加した〕など多数）

②一項にいう「国際紛争を解決する手段」は、自衛のための戦争を含まないが、二項において何の留保もなく「戦力」を保持しないと定めている結果として、あらゆる戦争を放棄し、一切の戦力を放棄したと解釈するもの（佐藤功など多数）

（b）自衛力留保説・限定否認説

①一項にいう「国際紛争を解決する手段」は、自衛のための戦争を含まないので、二項で否

認されるべき「戦力」も自衛のためのものは除外され、自衛の「戦力」は保持することができると解するもの（佐々木惣一・橋本公亘《きみのぶ》など）

② 一項にいう「国際紛争を解決する手段」は、「戦争」の放棄についてではなく、「武力による威嚇又は武力の行使」に係るものと解し、およそ「戦争」は放棄されるが、自衛のための「武力による威嚇又は武力の行使」は認められ、二項においても自衛のための「武力」は保持することができると解するもの（覚道豊治《かくどうとよじ》・佐藤幸治など）

それでは、以上の解釈を私見に基づいて、順次論評する。

先ず（1）の（a）及び（b）の、法的効力を持たないとする説は誤りである。なぜなら、抽象的な原理を宣言した前文であれば、裁判所が具体的な訴訟を裁判する際に判断基準として用いる法規範としての性格を持たないが、条文には裁判規範としての効力があるからである（芦部前掲書）。九条に法的効力がなければ、条文全体に法的効力はなくなるであろう。

次に（2）・（a）・①は、第一項を、侵略戦争だけでなく自衛のための戦争をも含むあらゆる「戦争」を放棄すると解釈している。だがすでに指摘したように、マッカーサー・GHQ・極東委員会を含めた連合国と、制定当時の日本政府の解釈はともに「自衛権」と「自衛のための戦争」を認めているのであるから、間違いである。

（2）・（a）・②は、一項は自衛のための戦争を含まないが、二項において何の留保もなく「戦力」を保持しないと定めている結果として、あらゆる戦争を放棄し、一切の戦力を放棄したと捉えている。これは制定時の政府解釈と一致しており、正確な解釈である。

（2）・（b）・①は、一項で自衛戦争は認められるとする解釈は正しいが、二項でも自衛のための「戦力」は保持することができるとする見解が間違っている。自衛のためであろうと、「戦力」は禁止されているからである。

（2）・（b）・②は、「戦争」と「武力による威嚇又は武力の行使」とを分けているが、条文では両者は並列され同等なので、誤解している。一項では、「自衛のため」であれば、戦争も武力の行使も認められるが、二項では自衛のためであっても、「戦力」も「武力」も禁止されているからである。したがって、二項で「自衛のための武力の行使」は認められるとする解釈は、条文を曲解している。

結論として言えば、正しい解釈は（2）・（a）・②である。この説の代表格と言える元上智大学教授・佐藤功（一九一五〜二〇〇六）は、『日本国憲法成立史』の著者・佐藤達夫の下で、法制局事務官として憲法制定作業に深く関わった憲法学者である。佐藤功は、「自衛隊を違憲ではないと解釈することは到底許されない」と断言しており、明快である（『日本国憲法概説　全訂第五版』）。ただし、佐藤は、九条改憲論者に対する護憲論者の反論の根拠に疑義を呈しながらも、九条の不条理性には全く言及していない（「現代憲法の動向と改憲論」——憲法問題研究会編『憲法読本　上』）。自衛隊を違憲と見なしたにもかかわらず、「九条改正」を積極的に唱えることがなかったのは残念でならない。

このように、細分化すれば六通りもの解釈が生まれるのは、憲法学者が、条文の一項と二項との間の矛盾に気づかずに無理矢理解釈しようとしたためである。しかも、これほど多岐にわたる解釈が生じ、混迷しているということは、第九条が法的明晰さと規範性に欠けていることを証明しており、憲法典として破綻《はたん》していると断定してよい。そしてそれは、すべてGHQの錯誤と、それに従わざるを得なかった日本政府の弱い立場に起因するものである。と同時に、論理的整合性のない第九条をこれまで容認してきたことに対して、いいいい、私自身を含めて日本国民にも大きな責任がある。

「解釈上の混迷を残したまま物理的軍事力のみを増強することによって、自衛隊は最も大切な魂を失うことになる」という三島由紀夫の警告は、今もなお私たちの心を打つものがある。

5 国防に関する諸外国の憲法の実態

では、世界の主な一九カ国の憲法に「国防」がどのように規定されているかを読み取り、戦争の捉え方、軍隊の保有、国民の防衛義務などを基準にして、分類してみる（カナダは初宿／辻村前掲書、カナダ以外は畑／小森田前掲書）。

① 国際紛争解決の手段としての戦争の放棄（侵略戦争の否認・自衛戦争の容認）――九カ国（イタリア、インド、韓国、スウェーデン、デンマーク、ドイツ、ブラジル、フランス、フィリピン）

② 国際機構との協調（国際平和の推進）――八カ国（イタリア、インド、スウェーデン、デンマーク、ドイツ、フランス、フィリピン、ベルギー）

③ 軍隊の保持（目的・機能、最高指揮官とその権限、国もしくは議会の軍隊についての権限など）――全一九カ国

④ 国民の防衛義務（兵役義務）――一二カ国（イタリア、インド、オーストリア、韓国、スイス、スペイン、中国、デンマーク、ドイツ、フィリピン、ポーランド、ロシア）

※良心的兵役拒否者の代替役務の規定――四カ国（オーストリア、ドイツ、ポーランド、ロシア）

この一覧から見えてくる第一の特徴は、日本と同様に、「国際紛争解決の手段としての戦争の放棄」を明

記している国が九カ国あることである。アメリカなどは、すでに「不戦条約」に調印し、侵略戦争を否認しているので、追記する必要はないと考えられる。いずれにせよ、各国における憲法明記の有無に関わりなく、国連憲章は紛争の平和的解決を義務づけ、「武力による威嚇又は武力の行使」を禁止しているのであるから、国連加盟一九三カ国すべてが、①の原則に従っていると解釈できる。

次に、イタリアなど八カ国は、単独平和主義ではなく、「国際機構との協調」によって国際平和の推進を規定していることが特徴的である。だが、この点も、憲法で明記していないとしても、国連加盟国のすべてが②の理念に同意していると見てよい。

さらに言えば、軍隊を保有しない国は皆無であり、国民の防衛義務・兵役義務が謳われている国が全体の六三％を占めている。また、永世中立国のオーストリアとスイスが軍の保持と兵役の義務を規定していることを知っておく必要がある。

なお、注目すべきはドイツである。憲法制定の起源が我が国と類似している西ドイツは、当初の基本法に軍隊に関する規定は一切なかった。ところが、西側諸国との連携やＮＡＴＯ加盟などを契機として、一九五四年に基本法を改正し、軍隊の設置と男子の兵役義務が新設された（畑／小森田前掲書）。侵略戦争を禁止するとともに国際機関との協調を重視しつつ、軍隊の保持と国民の防衛義務を定めたのである。しかしドイツは、これまで一度もみずから戦争を起こしていない。軍備保有は必ずしも戦争を起こすとは限らないことを証明しているのである。ドイツは日本にとって参考になる国である。

ちなみに、軍隊を保有しないと規定しているコスタリカ憲法とパナマ憲法を確認しておく（西修『憲法改正の論点』）。

コスタリカ憲法は、「恒常的組織としての軍隊は禁止する」が、「大陸協定〔米州機構の条約〕を通じて、または国防のためにのみ、設けることができる」と定めている。条約に従う場合と自衛目的に限定して軍隊を設けることができるとしており、完全な軍備撤廃ではない。したがって、日本国憲法とは理念が異なる。

またパナマ憲法は、「軍隊を保有しない」としているので、完全な軍備撤廃と見なしてよい。この点では日本国憲法と同じ理念である。ただし、「すべてのパナマ人は、国の独立と領土保全のために、武器をとることが求められる」と規定されている。したがって、軍隊はないのであるから、ここで言う〈武器〉が重装備の兵器ではないと考えられ、拳銃やライフル銃などの軽装備で戦うのかもしれない。だが、日本国憲法は国民に武器を取って戦うことを求めていないので、パナマ憲法とも異質である。

以上の考察により、我が国の憲法は、世界で稀有《けう》の法典であることがわかる。もし軍隊を保有することが必ず戦争をもたらすとすれば、これら一九カ国を含めて軍隊を持つ大多数の国が戦争を起こすはずであるが、そのような現実はない。世界の現実は、軍隊を持つ国が必ず戦争を起こし、平和を破壊すると断定できないことを証明している。自衛のための軍隊を保持しつつ、国際機関と連携しながら、戦争を回避し、平和の維持に努めることは可能なのである。

第二節　有力な九条護持論を解析する

九条護持論は大きく二つのパターンに分かれる。あらゆる戦争及び軍隊を禁止する「絶対平和主義」と、自衛のための最小限の軍隊を容認し、専守防衛を理念とする「限定平和主義」である。この観点とともに、

第九条成立の経緯という歴史認識の有無、日本政府の「解釈改憲」に対する考えなどを判断基準にして、影響力の大きいと思われる、四人の護持論を解き明かし、さらに私論を付け加える（護持論、改正論ともに、――以下が私の見解である）。

丸山眞男

戦後の初期における護憲派団体に「憲法問題研究会」がある。憲法の調査・審議の結果を国会に報告するために一九五七年に設立された「憲法調査会」に対抗して、大内兵衛、我妻栄、宮澤俊義が中心となり、憲法学者・法学者などの社会科学者だけでなく、哲学から文学にわたる広範な分野の人々が、その翌年に結集した。その有力メンバーであり、日本政治思想史という学問分野を初めて切り拓《ひら》いたとされる丸山眞男《まさお》元東京大学教授（一九一四～一九九六）の、一九六五年に発表された所論を批評する（「憲法第九条をめぐる若干の考察」―『丸山眞男集　第九巻』）。

① 第九条の問題は、朝鮮戦争の勃発の前後から他律的に、アメリカの極東戦略との関連において、総司令部の要請を重要な起動点として登場し、冷戦の激化に伴う日米合作の軍事的な防衛力の設置および増強と不可分に発展してきた。

第九条と前文の精神は連関性があり、政策決定の方向づけを示している。自衛隊が現にあるという事実は否定できないが、これを増強する方向に向うか、あるいはできるだけ漸減《ぜんげん》したり、平和的機能に転換させる方向に向うか、によって現実は違ってくる。自衛隊は漸減する方向に不断に義務付けられており、外交政策として国際緊張を緩和し、全面軍縮への積極的な努力を行なうことを義務付けられている。

――この前段については、自衛隊成立の経緯を明らかにした私見と同じ見方であり、全面的に同調する。しかし、だからこそ、アメリカの支配から独立し、国家の独立を保障する自衛隊を憲法上明確に位置付けるべきである。世界が緊張を緩和し、軍縮の方向へ向かうべきであるとする主張には賛同できる。我が国も、国費を軍備増強に使うべきではなく、文化の発展や、教育の充実、豊かな生活実現のために使うべきである。だが「軍備の完全撤廃」は、あまりにも非現実的である。確かに、純理論的には、すべての国が一斉に軍備を撤廃すれば、侵略や武力紛争は起こらない。しかし、その実現は極めて困難であり、軍備完全撤廃の主張は掛け声だけで終わる可能性が高い。理念は現実を動かす力を発揮して、始めて意義がある。理想を掲げるだけで終わるのではなく、軍備の保有という現実を容認した上で、世界諸国が互いにコントロールする仕組みを工夫することによって、漸進的に軍縮に向かうのが有効な方法であると考える。その役割を果すのが、国際法や国際連合であり、法と国際機構の充実・強化に力を注ぐことによって、平和を維持することが現実的方策であると考える。

② 憲法前文の「平和を愛する諸国民の公正と信義に信頼して、われらの安全と生存を保持しようと決意した」という一節は、九条と密接に関連しているが、これは「安全と生存をほかの国家に依存する」という意味ではない。平和を維持するという崇高な理念に立った行動を通じて、日本国民みずから平和愛好諸国民の名誉ある一員としての地位を実証してゆくという決意の表明である。自主憲法を主張する人々が、アメリカの戦略体系に完全に組み入れられた形でしか自衛隊が存在しえないという現実については無神経である。

――この主張の前段について言うなら、前文の一節は「安全と生存をほかの国家に依存する」という意味ではないという丸山の解釈は、明らかに間違いである。マッカーサーも民政局も、「日本はその主権に特有な諸権利を放棄し、その将来と安全を世界の平和愛好民族の誠意と正義にゆだねることになった」と明言しているからである（高柳他前掲書I、傍点藤野）。丸山は事実を誤認している。憲法制定の歴史を無視し、実証性の欠如した立論は、有効性がないと言わねばならない。

ただし、後段は自衛隊と日米安保条約の本質を的確に突いている。アメリカへの従属の問題は、戦後日本の大きな課題だからである。しかし、先に見たように、九条があるために無防備の日本を守ることを目的として安保条約ができたのであるから、対米従属の元凶は「九条」なのである。したがって、対米従属から脱却するためには、九条を改正して国家の独立性を回復しなければならないのである。

と同時に、現実の複雑な国際情勢を冷厳に見極める必要がある。アメリカから離反することによって、軍事力を強める近隣の覇権主義国家の台頭を許すことになれば、反《かえ》って日本にとって大きなマイナスである。圧制的な全体主義国家に対抗するためには、自由主義国家の連携は必要であり、アメリカとの集団安全保障体制にも意味がある。したがって、日本は先ず、国家の独立を保証する軍隊の保持ができるように、矛盾した第九条を改正し、自立せねばならない。しかるのちに、互いに対等の関係の下に相手国の独立を尊重することを基本とし、現行の日米安保体制の欠陥を是正しつつ、集団安全保障体制を維持することは、我が国の国益に合致する選択肢であると考える。

③　前文の「われらは、全世界の国民が、ひとしく恐怖と欠乏から免れ、平和のうちに生存する権利を有することを確認する」には、〈国民的生存権〉が確認されている。この理念の思想史的背景にまで遡《さかのぼ》れば、カント、ガンジー、北村透谷、内村鑑三らの恒久平和・非暴力の思想に行き着く。また幣原首相の思想は、

核兵器時代における第九条の新しい意味を予見し、国際社会における先導者の使命を日本に託したものである。

——丸山の言う〈平和のうちに生存する権利〉については、首肯できる。ただし、〈平和のうちに生存する権利〉が、自衛のための軍備によって守られることもある。〈平和のうちに生存する権利〉を守るために軍備を撤廃することは、必須の条件ではない。

また、「非武装平和主義」を「非暴力主義」と結びつけ、ガンディーや内村鑑三などを引き合いに出している。しかし、彼らの「非暴力主義」は、「受け身の無抵抗主義」とは似て非なるものである。ガンディーの信じた、ヒンドゥー教の〈無殺生・非暴力〉の教義は、〈愛と犠牲〉によって相手の良心に訴え、覚醒させる方法であり、想像を絶する〈自己犠牲〉が要求されるものである（ガンディー『わたしの非暴力』・森本達雄訳）。また内村の思想は、非戦論を貫くためには、国家の命令に服従して戦場に赴き、敵を殺さず無抵抗で死ぬことを覚悟する、苛烈《かれつ》な主張である。その根底にはキリスト教信仰に裏付けられた〈永久の忍耐〉と〈無限の愛〉が要求されるのである（「無抵抗主義の教訓」「非戦主義者の戦死」—『内村鑑三信仰著作全集21』）。

非暴力主義は崇高な理念である。しかし、ガンディーや内村の非暴力主義は、理想を達成するためには自己の生命を犠牲にすることも覚悟する、過酷な宗教的信念によって支えられており、一般的な道徳を超えた「超人的な信仰」が根底にあることを知らなければならない。非暴力主義は、「生命至上主義」とは異質である。非武装平和主義を主張する人たちは、ガンディーや内村のような、〈愛と犠牲〉を引き受けるだけの強固な信念を持っているのかどうかを自問自答すべきであろう。

なお、丸山は幣原を、〈国際社会における先導者の使命を日本に託した〉人物として賞揚している。だが、先に述べたように、幣原の理想主義は尊いが、その実現をアメリカに頼ったことは、理想を実現する実行力をみずから放棄したものであり、日本の総理大臣として失格である。しかも、それは国家主権の放棄であり、憲法の「自律性」と「正統性」を毀損《きそん》する行為であることを、再び強調しておきたい。

④ 改憲論者で非武装条項を攻撃する人々は、同時に日本固有の国柄や民族的伝統を強調し、現行憲法にそういう面が乏しいことを慨嘆している。しかし、国柄や民族的伝統というものは、もともと比較できる量ではなくて、比較できない質である。軍備を中核とした自主性という観念ほど、民族の質的な区別を、量的な差異に還元するものはない。

――ここで丸山は、改憲論者が唱える日本固有の国柄や民族的伝統を否定的に捉え、それと関連させて九条改正論に反対している。しかし、九条の改正は日本固有の国柄や民族的伝統だけを根拠にして主張されているわけではない。国家の独立と主権保持に関わる世界的・普遍的視点から改正すべきであると提起しているのである。したがって、〈量的な〉問題ではなく、正《まさ》しく〈質的な〉問題なのであり、改憲論に対する正当な反論にはなっていないのである。

⑤ 現代における国際政治には質的な変化が起っており、戦争手段および戦争形態が、一方では超国家化の方向に上昇し、他方で下国家化の方向に下降する傾向を示している。前者が宇宙衛星を含む核兵器による戦争形態であり、主権国家と主権国家との間の紛争の暴力的解決という伝統的な戦争概念では律しきれない問題を生み出している。後者は常備軍や徴兵制によらない、人民のパルチザン闘争またはゲリラ抵抗であり、高度の機械化・技術化によって巨大な役割を演じるようになった。二つの形態の性格はまさに対蹠《たいしょ》的であるが、ともに伝統的な戦争形態を正反対の方向から引き裂く傾向性を帯びている。

第九条の問題について、防衛、戦力、国家の独立などを論ずる際、旧来の主権国家間の戦争概念だけを基準にして、「丸裸で侵略を防げるか」と言うような議論に対しては、主張する軍備は本当に自主的な軍備なのかと反問せざるを得ない。

同時に、国際外交の発展傾向を見れば、一方で首脳会談などの人間の直接的な接触という、「外交」の上昇化があり、他方で実業団体・労働団体や、文化・スポーツ関係による「民間外交」という下降化があって、多層化している。

冷戦下において、一九六二年に国連で軍縮の提案が行われている。軍備を撤廃し、国家の一切の戦力を放棄するという第九条の精神は、過去の国家の常識に反するひとつの逆説として意味がある。

——ここで説かれている、現代における戦争形態が、一方で核戦争、他方で国家間の戦争ではない、ゲリラ戦などへと正反対の方向に向っているという分析は、鋭利な知見である。核戦争の可能性と、今日のテロの大規模化を見れば、今日の世界を予見した問題意識である。しかし、核兵器の時代であっても、平常兵器による局地的な戦争や、国際的なテロが頻発しており、それらを抑止するために平常兵器は必要である。また、自衛隊は自主的な軍備なのか、という問いに対しては、そうでないからこそ、自主的な軍備にするべく、先ず九条を改正すべきであり、その上で日米安保条約の是非を論じるべきである、と答える。

なお、武力による解決に頼るのではなく、首脳外交や民間外交を重視する考えには、完全に同意する。ただし、多様な外交努力と軍備保持は二者択一ではなく、両方が必要である。また、軍縮を達成するために九条の意味があるという見解についても、一定の意義は認めるが、①で述べたように、九条が軍縮実現のための絶対条件ではないのである。

丸山眞男は、西欧近代思想を安易に模倣することなく、我が国の歴史意識・政治意識の「原型」・「古層」に着目し、『古事記』や、江戸時代の儒教思想・国学思想、福澤諭吉・中江兆民の思想などに光を当て、単純な進歩主義に陥らなかった、すぐれた学者である。その「知の巨匠」が、第九条の「古層」を発掘しようとしなかったのは不可思議な現象である。国民の自主独立の精神の必要性を説いた福澤諭吉を高く評価した丸山が、第九条においては自主性を発揮することなくGHQに追随したのである。GHQの作り出した論理的整合性の欠如や、非暴力主義の過酷な実体に目を覆《おお》い、単純に非武装主義を信じているのは、実に残念なことである。

大江健三郎

護憲派を代表する組織として今日でも活発に活動しているのが、二〇〇四年の自衛隊イラク派兵に際して結成された「九条《きゅうじょう》の会」である。評論家・加藤周一が呼びかけ人となり、井上ひさし、梅原猛、大江健三郎、奥平康弘、小田実《まこと》、澤地久枝、鶴見俊輔、三木睦子《むつこ》（三木武夫元首相夫人）がメンバーであった（加藤、井上、梅原、小田、鶴見、三木は故人となった）。全国に「九条の会」が作られ、〇八年にその数は七千を超えた（渡辺前掲書）。

これらのメンバーの中から、作家・大江健三郎の言葉を聴いてみる（「核シェルターの障害児――青年へ、憲法について」―『大江健三郎同時代論集 10』）。一九八一年に発表されたこの文章は、青年への手紙という形式で語られているが、その主張のポイントは、次のように捉えられる。

① 現実的な想像力を働かせるなら、第九条の改変は核武装への道を開く。被爆の悲惨を経験して、同じことを再び人類に繰り返さすまいと決意した運動より、明日の日本人の被爆を覚悟しても、なおかつ核攻撃

の脅迫競争の一陣営に参加しようという運動へ、我が国と国民を動かそうとしている勢力が優勢となっている。それが第九条の改廃であり、核武装の道である。

——大江は、九条改正は核武装の道を開くと断定している。しかし、これは偏見である。なぜなら、九条改正論者の中には核武装を主張する者もいるが、すべてがそうであるわけではない。核武装反対論者もおり、私も反対である。イギリスの行動する哲学者、バートランド・ラッセル（一八七二～一九七〇）は、核兵器についてこのように言っている——「広島と長崎の市民を大量虐殺したことは無法きわまる罪悪行為であった。どんなに敬虔なまつりをしたとて、またどんなに抗議をしたところで、この殺戮と残虐行為をつぐなうことはできない。この力の政治の残忍な行為は、今日、核兵器をもつ政府の遂行する政策が、いかに気ちがいじみて野蛮なものであるかを象徴している」（日高一輝訳『人類に未来はあるか』、一部中略）。アメリカの犯した「人道に対する罪」を激しく告発したのである。そのラッセルが呼びかけて、アメリカの物理学者・アインシュタイン、日本の物理学者・湯川秀樹ら九名の学者が一九五五年に署名し、核兵器廃絶を訴えた「ラッセル＝アインシュタイン宣言」を、私は全面的に支持する。人類を破滅させかねない核兵器は、人類が発明した、最も愚かで不条理な兵器であり、漸減しながら最終的に全廃すべきであると考える。したがって大江のこの理由づけは、九条改正論に反対する論拠にはなり得ない。

② 憲法制定における国内的背景として、日本の旧支配層が旧憲法の表層的糊塗の結果、GHQの英文草案を「押しつけ」られざるを得なかった事実を切実に受けとめるべきである。

——この見解は憲法制定の経緯に関係している。日本の旧支配層の当初の草案が旧憲法の表層的糊塗であったことが、GHQの「押しつけ」を招いたとする大江の見方は、一面で当っている。しかし、すでに指摘したように、ＧＨＱはアメリカ本国の指令に違反して、みずから起草するという誤りを犯した。国民主権と象徴天皇、平和主義、基本的人権の保障などの基本方針を示唆しつつ、日本国民の意思に基づいた草案を作らせるべきだったのである。この反民主的な手続きを無視してはならない。しかも九条は、マッカーサーの独断と民政局の詰めの甘さによって作り出された、論理的整合性のない条文なのである。

③　中国文学者・竹内好《よしみ》の憲法改正反対の教示には共感するが、憲法改正を唱える三島由紀夫と江藤淳は反面教師である。

――ここで、「丸山眞男・大江健三郎」対「三島由紀夫・江藤淳」という対立の図式ができ上がる。三島と江藤については、このあとの「改憲論」の項で詳しく論じることにする。

④　九条制定過程の記録を読むと、恒久的平和について世界に対し道徳的リーダーの機会を日本に提供するものであり、日本が世界から好意的な眼で見られる必要がある、という民政局の説明は、太平洋戦争直後の国際環境における日本に対する、まことに情理をつくした忠告だったというべきである。日本は、侵略的な軍事国家から好意的な眼で見られる国家へと変わること以外に、生き延びてゆく方途はなかった。またこれは、アメリカからの防衛力強化の「押しつけ」に対して、日本は、世界平和に貢献する名誉ある地位を占めたいと誓っていると言い返す根拠となる、まことにインデペンデントな気力にあふれた文章である。

――この論調の問題点を指摘する。先ず、〈恒久的平和について世界に対し道徳的リーダーの機会を日本に提供するもの〉というＧＨＱの説明は、ＧＨＱの身勝手な尊大さの証明に過ぎない。ＧＨＱが「軍備撤廃」を崇高な理想と心底信じるのなら、日本に指示すると同時に、アメリカ憲法を改正し軍備を撤廃する運動を本国で行い、さらに世界に向けて訴えるべきだからである。しかし、その気配は皆無である。

ＧＨＱの「日本が世界から好意的な眼で見られる必要がある」という説明も、何ら軍備撤廃の理論的根拠にはならない。なぜなら、自衛のための軍備を保有しつつ「侵略的軍国主義」を放棄することは可能だからである。さらに、ＧＨＱ草案を、〈太平洋戦争直後の国際環境における日本に対する、まことに情理をつくした忠告〉と捉える大江の無神経さには驚愕せざるを得ない。このアメリカべったりの発言はＧＨＱの代弁であり、日本人としての〈インデペンデントな気力〉を放棄する態度である。しかも、九条があるためにアメリカは防衛力の強化を命じたのであるから、九条こそが〈インデペンデントな気力〉を喪失させた元凶であることを知るべきである。

⑤　憲法改正を考える場合には、アジア諸国などの国際環境の眼にも注意を払う必要がある。今は、憲法をつくりかえようとする者らの攻勢に対して、われわれは闘わねばならぬ。自分の個としてのアイデンティティと共同体のアイデンティティとの一致を実現するために、ひとりの市民としての個を確立し、望むべき共同体をしっかりと把握することを、青年に希望する。民主主義的な談論の自由を持ちえている間に、われわれの力としての自由を、憲法をつくりかえようとする者らの策動に対立して行使することにしよう。

――ここで主張されている「アジア諸国などの国際環境の眼にも注意を払う必要がある」という見解は、護憲論者の常套句《じょうとうく》である。だが現実には、自衛隊を保持していても、侵略的行為はこれまで皆無であり、アジア諸国が我が国を軍事国家や侵略国家と見ていることはないであろうし、全く杞憂《きゆう》に過ぎない。これが軍備放棄の理論的根拠にはならないのである。

ただ、「自分の個としてのアイデンティティと共同体のアイデンティティとの一致を実現する」という大江の言葉は、核心に触れる問題提起である。人間は共同生活を基本としているので、個人と共同体との関係を考えることは、極めて大事だからである。個人と共同体との関係を見つめるなら、私たちは多様な共同体の中で生きている。家族共同体、地域共同体、市民共同体、国家共同体、世界共同体などと関わっており、多重的な共同体の中で生活しているのである。

大江は、「ひとりの市民としての個を確立し、望むべき共同体をしっかりと把握すること」を希望している。「市民としての個の確立」は、無論、大切である。しかし、私たちは「市民」として存在しているだけでなく、「国民」として、また「世界市民」としても存在している。したがって、「市民」のみを重視するのは偏った考え方である。市民は国家の法を守らねばならず、国家に制約されると同時に、国家の中で自由を保障されている。「国家」は、個人や市民の生存と自由を左右する、重要な共同体である。大江は「国家意識」を喪失しているのである。「市民としての個の確立」のみを重視する「市民本位主義」は狭小な見方であり、「国家」や「世界」の一員としての「個の確立」も目指さなければならない。

夏目漱石（一八六七～一九一六）は、「私共は国家主義でもあり、世界主義でもあり、同時に個人主義でもあるのです」と語った（「私の個人主義」―『漱石全集　第十六巻』）。個人と国家の関係は、矛盾対立するものではなく二者択一の問題ではないので、国家の置かれた状態によってその比重に軽重のあることを指摘しており、個人主義と国家主義の均衡と調和を理想と考えた。漱石の良識は、今なお私たちに光明を投げかけている。私たちは、「個人」や「市民」としてだけでなく「国民」として、また「世界市民」として、「望むべき国家」、「望むべき世界」を追求することが求められる。「個人」、「市民」、「国家」、「世界」の均衡と調和を基本理念とすべきである。そして、このような視点に立って、「憲法」を考えなければならないのである。

傑出した文学的才能の持主であり、「言葉」に関しては繊細な感覚を持っている大江が、憲法の問題になると、突然鈍感になるのは、不可解この上ない。第九条の「言葉」の表層しか読み取っていないのであり、「言葉」の深層に潜む不条理の実相を正視していないのである。ノーベル文学賞を受賞した世界的な作家が、文学においては卓越した「想像力」に富んでいるにもかかわらず、憲法問題に関しては「想像力」が欠乏し、歴史認識と多角的な思考力が衰弱しているのは、惜しまれてならない。この対照的な精神現象は、大江健三郎の知性における一つの「謎」と言えるかもしれない。

柄谷行人

「憲法問題研究会」や「九条の会」などのように群れることなく、単独で立っているのが、評論家・柄谷《からたに》行人《こうじん》である。柄谷の護憲論の組み立ては質・量ともに豊富であるが、その論旨はこのようになるであろう（『憲法の無意識』）。

① 九条には三つの謎がある。第一は、世界史的に異例の条項が戦後日本の憲法にあるのはなぜか。第二に、それが実行されていないのはなぜか。第三に、もし実行しないのであれば法を変えるはずであるが、九条がまだ残されているのはなぜか、ということである。

第一の謎については、九条成立の過程を見ると、GHQとアメリカ政府や連合国との間に深刻な対立があった。米ソの対立や極東委員会の設置によって、マッカーサーは天皇制を維持するために、憲法改正草案の作成を急がせた。九条制定の意図は、天皇制の維持にあったこと、戦争放棄はそれが国際世論を説得するために必要な手段であったこと、戦争放棄はマッカーサーよりもむしろ幣原首相の「理想」であったことである。幣原が九条を考えたのは、ある意味で当然である。

第二の謎を考えると、マッカーサーが朝鮮戦争の勃発とともに、意見を変更して日本政府に日本軍の再編成を要請したことは、彼にとって九条が第一義的なものでなかったことを証するものである。吉田茂首相は、警察予備隊から自衛隊に発展した時点でも「戦力ではない」と言い張って憲法改正を斥《しりぞ》け、「解釈改憲」によって九条に相反する軍備拡大を続けた。

第三の謎の答えは、自衛隊や米軍基地などは、歴代政府による九条の「解釈」によって肯定され、集団的自衛権も可能だという「解釈改憲」がなされていることにある。九条を変えない理由は、公然と提起すれば政権は選挙で敗れてしまうからである。保守派は、憲法を変えずに「解釈」として自衛権を認め、九条を廃棄せずにごまかしながらやっている。

憲法制定の過程を見ると憲法学者の議論は、実際になされたことの辻褄合わせでしかなく、憲法条文について極端に異なる解釈が成立するのは、条文がもともと両義的（曖昧《あいまい》）だからである。そして、起草者がそのようなものを作った理由は、書かれる過程でさまざまな対立が生じ、それを文面上で解決しようとしたからである。ところが時間が経ち、現実の情勢が変わると、条文が別の意味をもつようになった。

――①の提起を論評する。〈九条の三つの謎〉という問題の立て方は、実に九条の急所を突いており、私の問題提起と完全に重なるものである。ただし、それらの謎に対する解答は私見と異なる。

先ず、〈第一の謎〉の成立過程の捉え方であるが、マッカーサーが「天皇制維持」を占領統治に有効な手段と考えたことは間違いない。しかし、昭和天皇を戦犯として訴追すべきという国際世論を抑えるためにマッカーサーが取った手段は、九条の制定ではなく、民主化された天皇を明確にした「人間宣言」をＧＨＱの職員に起草させ、昭和天皇に発表させることであった。九条については、すでに史料によって明らかにしたように、マッカーサー、アメリカ本国、連合国のすべてが、初めから「戦争放棄・軍備撤廃」を考えていたわけではなく、幣原の「進言」によるものであり、決して国際世論を説得するために必要な手段ではなかったのである。柄谷はそのあとで、これはマッカーサーではなく幣原の理想だったと述べているのであるから、全く矛盾している。しかも、幣原の「進言」を柄谷は肯定しているが、先に丸山眞男に反論したように、「進言」という他律的行為は、「憲法制定権力」と我が国の「主権」の放棄である。柄谷には憲法の原理に対する基本的認識が欠落しているのである。

次に、憲法が実行されていないという〈第二の謎〉についての見解について論評する。マッカーサーによる警察予備隊創設の命令によって再軍備が始まり、吉田政権が憲法改正をせずに解釈改憲をし、保守政権はごまかしながら軍備を拡大してきたことをその理由にしているのは核心を突いており、事実認識において私見と完全に一致する。しかし、同じ認識を前提としているが、導かれる結論は正反対である。欺瞞に満ちた解釈改憲が続いているからこそ、これを「真正の憲法」に改正しなければならないのである。

〈第三の謎〉の、自衛隊や米軍基地などは、歴代政府による「解釈改憲」によって肯定されているという認識は、私見と全く同一である。ただし、九条を変えない理由について柄谷は、保守政権が公然と改正を提起すれば、選挙に敗れるから、と指摘している。しかし現実は、一九五五年以降、保守政権は憲法改正を基本的方針としてきたが、その取り組みには積極・消極の違いがあり、国会発議のための「三分の二の賛成」という壁を破れなかった。そして二〇〇五年と一二年には、九条二項を削除し「国防軍の保持」を明記するなど、具体的な改正草案を作成した（渡辺前掲書下巻）。さらに一八年には、現行条文に追加して「自衛隊」を明記する、新たな案を作っている。したがって、保守政権は、選挙に敗れるから改憲を主張しないのでははなく、改正を選挙公約にし、選挙に勝っても、国会での「三分の二の壁」を破れないというのが真相であろう。そしてその根底には、国民に訴える言論の力の弱さと、国民の関心のなさとが相乗的に作用しているのではあるまいか。これと関連して付け加えるならば、論理的整合性のない一項・二項を残したままの「自衛隊明記」という最新の自民党改正案は、「解釈改憲」の上塗りをするものであり、立憲主義の破壊を一層重ねる改悪案であることを強調しておきたい。

なお、「憲法学者の議論は、実際になされたことの辻褄合わせでしかなく、憲法条文について極端に異なる解釈が成立するのは、条文がもともと曖昧だからである」という柄谷の指摘は、紛《まぎ》れもなく的を射抜いており、私論とぴったり符合する。しかし、ここでも結論は異なる。〈辻褄合わせでしかない、曖昧な憲法〉であるがゆえに、論理的整合性のある「純正な憲法」に改正せねばならないのである。

② 九条が執拗に残ってきたのは、人々が意識的に守ってきたからではない。九条には、説得や宣伝などの意識によって操作することの出来ない「無意識」があったからである。保守派が、九条は非現実的な理想主義であると訴えても、「無意識」の次元に根差す問題なので、説得不可能なのである。このことを理解していないのは護憲派も同様であり、九条は彼らが啓蒙《けいもう》したから続いてきたわけではない。九条は護憲派によって守られているのではなく、護憲派こそ九条によって守られているのである。

「憲法の無意識」を理解するためには、フロイトの認識が不可欠である。フロイトは、無意識の根底に「超自我」という概念を提起した。超自我は、死の欲動が外に向けられて攻撃性となって現れたのち、何らかの契機を経て内に向かうことによって形成されるものである。超自我は個人だけでなく集団にもあり、文化とは集団における超自我である。社会規範によっては攻撃欲動を抑えることはできないので、戦争が生じる。したがって、攻撃衝動（自然）を抑えることができるのは攻撃衝動だけであり、攻撃衝動は内に向けられて超自我＝文化を形成することによって、みずからを抑える。自然によってのみ自然を抑制することができる「自然の狡知《こうち》〔悪賢《わるがしこ》い知恵〕」と考えられる。

九条が示すのは、日本人の強い「無意識の罪悪感」であり、意識的な反省によるものではない。九条は自発性によって生まれたものでなく、明らかに占領軍の指令によって生まれたにもかかわらず、日本人の無意識に深く定着した過程は、先ず外部の力による戦争（攻撃性）の断念があり、それが良心（超自我）を生み出し、さらにそれが戦争の断念を求めることになった。

――ここで柄谷は、精神分析学者・フロイト（一八五六～一九三九）を援用し、九条は一種の「超自我」として見るべきであり、九条が残ってきたのは、意識によって操作することの出来ない「無意識」があったからであるという、独自の洞察を行なっている。占領軍の強制→戦争の断念→良心（超自我）の誕生→攻撃性の断念という、柄谷の浮かび上がらせた因果関係は、九条の歴史的真実を鋭く突いているとともに、日本人の深層心理を暴《あば》いており、説得力のある所見である。

しかしながら、この因果関係の実態を分析すれば、今は「無意識＝超自我」であるとしても、その起点は「自然」によるものではなく、GHQの「強制＝人為」によるものである。もし最初にGHQの強制がなかったならば、「良心＝超自我」は生み出されなかったからである。したがって、最も重要なのは起点にある「人為」であり、やはりGHQの強制が妥当であったかどうかが問われるのである。ここに至って、GHQの九条設定の経緯や条文の論理的整合性の問題に再び行き着く。つまり、九条は、「無意識」であるとして容認するべきではなく、押し込められた「意識」を掘り起こすべき問題なのである。柄谷の無意識論を緻密に解きほぐすなら、九条を日本人の「無意識」に帰して容認するのは、九条の本質を隠蔽するものである。憲法に対する「無意識」という分析は、柄谷の九条護持論の中で最も刺激的な提起である。そこで、柄谷の用語を借りて、この現象を私的観点から解明を試みる。

敗戦直後の昭和二〇年一二月に内閣情報局が行った憲法改正に関する全国世論調査によれば、戦争放棄と軍備撤廃の意見は皆無であった。また、保守・革新を含む各政党、及び「憲法研究会」などの学者・知識人らによって作成されたすべての新憲法案には、戦争放棄と軍備撤廃は一切明記されていない(佐藤達夫前掲書第二巻)。したがって、政府の「憲法改正草案要綱」が国民に提示される以前の日本国民の大多数は、戦争放棄と軍備撤廃を全く考えていなかったのである。ただし、改正草案要綱を見て国民の多くが賛成したことは、先に述べたとおりであるが、最も重要なことは、日本人には九条に対する「自発性」が根本的に欠落していたことである。

では、なぜその後日本人は九条に対して「無意識」なのか。その本当の理由は、成立当初は歓迎した憲法を、敢《あ》えて「意識」の外に追い出し、冷凍庫に入れて放置し、氷漬けにしておいたからである。さらに言えば、制定過程における「GHQの強制」と「条文の不条理」という真相に目をふさぎ、加えて政府の解釈改憲を不問にしている。この「思考停止」こそ、「無意識」の実態である。したがって、このような「無意識」を解凍し、「意識」を目覚めさせねばならない。憲法の歴史的経過を直視し、「規範性」のある憲法にしなければならないのである。

③　九条の先行形態は、我が国では明治期の中江兆民、北村透谷の平和論や、内村鑑三の非戦論であり、さらにさかのぼれば「徳川の平和」である。戦争忌避の反応は明治以後の戦争体験から来るものではなく、

「徳川の平和」がベースにあったために、第二次大戦後の「無意識の罪悪感」が深く定着した。フロイト的観点からみると、徳川体制は攻撃欲動の抑制であるが、明治以後は開国して外に向い、攻撃欲動の発露であった。それが敗戦とともに内側に向い、憲法九条になったが、これは「徳川の平和」への、高次元での回帰であった。徳川体制は、第一に天皇に政治的実権のない「象徴天皇制」であり、第二に全般的な「非軍事化」であって、第二次大戦後の日本の体制と類似している。

――③の論点は、九条の先行形態は何かということである。内村鑑三については、丸山眞男を論じたところで指摘したように、内村の非戦論は生命至上主義ではなく、自分の命を差し出すという自己犠牲を伴うものであり、過酷な宗教的信仰が基底にある。このような「超人的信仰心」は、個人の信念としては尊敬できるが、これを日本国民全体に適用することは、国民の生命が奪われることを容認し、「生存の権利」を侵害する恐れのあることを、繰り返し述べておきたい。

また、「徳川の平和」についても異論がある。勿論、「平和」という観点のみに焦点を絞れば、「徳川の平和」がおよそ二百六〇年も続いたのは奇跡的であり、それなりに評価すべきである。しかし、その「平和」という現象の根底に潜む本質を見抜かなければならない。その「平和」は何を基盤として成り立っていたのか。武士が武器を持つことを許されており、不正に対して民衆の反乱が起った場合は、幕府が武器を使って弱者の民衆を鎮圧することによって、平和は保たれた。軍備撤廃の社会ではなかったのである。

しかも、もっと重要なことは、幕藩体制は封建的土地所有を基盤とし、藩の領国支配が認められていたが、参勤交代の制度化などによって幕府が絶対優位の中央集権的封建国家であった。また、文学・絵画・芸能・学問などの豊かな町人文化が開花する一方で、福澤諭吉が「門閥制度は親の敵《かたき》で御座《ござ》る」と語ったように

（『福翁自伝』―慶應義塾編纂『福澤諭吉全集第七巻』）、士農工商の厳格な身分制度によって、武士が特権階級として君臨し、国民一人一人の能力が十分に発揮されない社会であった。明治国家が「四民平等」を実現し、今日から見れば不十分な面はあったにせよ、近代的な国民国家を作り、現代国家の礎石となったのである。

したがって、そもそも江戸時代の国家体制は近現代の日本国家と根本的に異なるのであるから、「徳川の平和」を「戦後の平和」と同一視するのは、安易な発想である。現代においても、統制的に国民の自由を抑圧して秩序・平和を保っている全体主義国家が存在するという現実を見るなら、「形だけの平和」よりも「国家体制のあり方」が最も重要なのである。「国家のあり方」という視点から見るなら、九条は「徳川の平和」への高次元での回帰を意味するという柄谷の命題は、表面的な観察に過ぎないと言わねばならない。

④　西欧における九条の先行形態はパリ不戦条約や国際連盟・国際連合であり、その背後にはカントがいる。カントは『永遠平和のために』で、「諸共和国の戦争を防止し、持続しながらたえず拡大する連合」を目指した。カントはナイーブな理想論ではなく、人間の攻撃性に基づく戦争を容易に解消できないので、戦争という「自然の狡知」を通して国際的連合による平和は実現すると考えた。カントの「自然の狡知」はフロイトの「攻撃欲動（自然）」に照応し、どちらも「無意識」のレベルにある。カントの普遍的な理念が九条において制度として定着した理由は、日本人の意思や理想主義によるものではなく、侵略戦争を行なったことを通して、さらに占領軍による強制を通して実現されたものであり、「自然の狡知」によるものである。

諸国家の連合は、諸国家で市民革命がなされたときにのみ成り立つが、「完全な市民的体制」は、一国だけでは不可能であり、諸国家の連合が先になければならない。この循環論と同じ問題に出会ったのがマルクスである。マルクスによれば、完全な市民的体制は人間の不平等を廃棄する社会主義であり、国家を揚棄《ようき》〔矛盾を克服〕するものでなければならない。それは一国だけではありえないので、社会主義革命は世界同時的でなければならない。この点でカントとマルクスはつながっている。しかし、マルクスの理念はロシアで失敗した。またカントの理念も、受け継がれたはずの国際連盟は帝国主義国家の連合体であり、国際連合は第二次大戦の戦勝国が管理する体制なので、未だに実現していない。

――この④の最初の所見に関しては、柄谷の事実認識に誤りが含まれていることを指摘しておく。すでに述べたように、「パリ不戦条約」は侵略戦争の禁止を明記したが、自衛のための戦争や軍備保持は容認していたからである。また、国連憲章は武力による威嚇又は武力の行使を禁止したが、個別的・集団的自衛権の行使の場合は、武力行使が許容されるのであり、当然軍備保有は認められるのであるから、九条は国連憲章の理念とも異なる。したがって、「パリ不戦条約」や国連憲章は九条の先行形態ではないのである。

カント(一七二四～一八〇四)の『永遠平和のために』については、予備条項の3に「常備軍は時と共に全廃されるべきである」と書かれているので(小倉志祥訳―『カント全集　第十三巻』)、九条の先行形態と見ることに異論はない。しかし同時にカントは、国民が自発的に武器を使い、自分と国家を守ることを是認している。民兵は、カントの時代には可能であったとしても、近代兵器の発達した現代において、無力であることは自明である。カントの市民蜂起の考え方は、現代においては無謀である。柄谷が市民によるゲリラ戦を主張するのであれば、大勢の国民の死を是認することになるであろう。

なお、カントの普遍的な理念が九条において制度として定着した理由として、〈日本人の意思や理想主義によるものではない〉という指摘には、完全に同意する。また、〈占領軍による強制〉を通して実現されたものという見方も、私見と一致する。だが、すでに述べたように、〈占領軍による強制〉こそ、九条の根本的な欠陥であり、「自然の狡知」として容認してはならない。「国民主権」と「自律的な憲法制定権」に基づいて、憲法を見直すべきなのである。

次に、カントの市民革命論とマルクス（一八一八〜八三）の社会主義革命論は、世界同時的発生の必要性という点で〈つながっている〉という見解についても、疑問符が付く。なぜなら、柄谷はカントの重要な指摘を見落としているからである。カントは『永遠平和のために』の第一確定条項で、「各国家における市民的な体制は共和的であるべきである」と規定した。その上で、共和的な体制を構成する条件の第一に、「社会の構成員の、人間としての自由の原理に従って設立されなければならない」と説いていた。ところがマルクスは、資本主義に巣食う様々な欠陥を暴《あば》くとともに、人間と自然との関係を深く掘り下げるなどのすぐれた業績がある一方で、「暴力革命」と「プロレタリア独裁」による統制的支配を高唱した（村田陽一訳『共産党宣言』—『マルクス＝エンゲルス全集　第4巻』）。「自由」を抑圧するマルクス主義は、「自由」を求める精神によって反撃され、社会主義国家は雪崩を打って瓦解した。歴史が証明したように、マルクス主義はカント主義に敗れたのである。したがって、「世界同時革命」の重視という現象面では類似しているが、その本質は対極にあり、決してつながってはいない。

ただ、カントの理念は国際連合においても実現されていないという指摘は、真実を言い当てている。創設されてから七五年が経っても、未《いま》だに第二次世界大戦の戦勝国が安全保障理事会を牛耳っている不条理な仕組みを改革しようとしない国連は、カントが提唱した「自由な諸国家の連合」から懸《か》け離れているからである。

⑤　共同体は「交換様式」の接合体である。交換様式には三つのタイプがある。交換様式Aは「贈与—お返

し」という互酬交換であり、未開社会にも現代社会にもある。Bは「支配―服従」、「収奪―再分配」という交換である。これは家族や共同体や国家において残っており、国家権力は暴力によって共同体ないし個人を支配し収奪するだけでなく、相手が服従することによって安寧を得るという「交換」によって成り立ち、根源に互酬性がある。

Cは各人の自由意思でなされる。近代国家はCに基づいており、私有財産、人権などが肯定され、資本と労働との関係から生まれる資本家と労働者という階級支配がある。Cは単独で成り立つわけではなく、BやAを必要とする。したがって近代国家は、CとAとBの接合、つまり資本=ネーション=国家という形をとり、三つの異なる力が交錯する場である。

さらに三つの交換様式に加えて、交換様式Dがある。Dは、厳密に言えば交換様式ではないが、三つの交換様式を越えるものである。Dは現実に存在するものではなく、キリスト教のような普遍宗教として現れ、A、B、Cの原理を否定する。ユダヤ教の「目には目を」はAであるが、イエスは「右の頬を打たれたら、左の頬を出しなさい」と説いた。また復讐を禁止した国家の法は、BでありCでもある。イエスの信念は交換様式A・B・Cを否定し、互酬交換を越えるような「純粋贈与」、すなわち「愛の力」であり、単なる観念ではなく、リアルで唯物論的な根拠をもっている。

その例が憲法九条であり、戦争の放棄、武力行使の放棄は、国際社会に向けられた「贈与」である。カントは、諸国家連合による永遠平和を目指したが、交換様式Cに根差したものであり、Dの力の存在を示さなかったところに限界があった。国連の根本的改革は、日本が九条を実行するという〈革命〉から開始できる。日本が九条の実行を宣言するだけで、それに同意する国々が出てきて諸国の「連合」が拡大し、カント的な理念にもとづく国連となる。九条の実行は、自衛権のたんなる放棄ではなく、「純粋贈与」である。カントの目標とした「世界共和国」は、Dの「純粋贈与」の力によって達成される。

――⑤は柄谷憲法論の白眉《はくび》である。「贈与」の理論に基づく「ABCD段階説」の、独創的な発想に感服しないわけにいかない。「D」は「A」・「B」・「C」の三つの交換様式を越える理念であり、キリスト教のような普遍宗教として現れ、「A」・「B」・「C」の「贈与の互換原理」を越える「純粋贈与」、すなわち「愛の力」であるという理論展開には、目を瞠《みは》らされる分析力がある。

にもかかわらず、「D」を現実の憲法九条へ適用するという結論に対しては、根本的な疑義を呈したい。柄谷の用語に従えば、非武装主義は、侵略を受けた場合でも無抵抗で命を差し出す「贈与」である。九条の「戦争放棄と非武装」が、イエスの説いたような、見返りを望まない、他者への「愛」に基づくものであり、国際社会に向けられた「純粋贈与」であるとすれば、それは「宗教的信仰」を日本国民に要求することになる。イエスは、「愛」によって「受難」を引き受けた。イエスの「愛と犠牲」に基づく「純粋贈与」と、普通の人間の「生命尊重の精神」との間には越えがたい裂け目がある。「だれかがあなたの右の頰《ほお》を打つなら、左の頰をも向けなさい」という教えは、復讐を禁じ、敵を愛することを説いたものであり、普通の人間には容易に実行できない崇高さゆえに、イエスは多くの人々の信仰の対象になり得た。「純粋贈与」は、自分の命を差し出すこともある、超人間的な「聖人」の行為なのである。

柄谷自身がこのような宗教的信念を持つことに対しては、畏敬の念を抱く。しかし、先にも論じたように、日本国民全体に「聖人」を要求するべきではない。これを理念にとどまることなく、国家的な規模で現実行動に応用する場合には、国民一人一人の内心の覚醒が前提となるのであり、他者から要求されるべきものではあるまい。キリスト教的信仰を普遍化し日本人全体に適用することは、宗教的信念の強制に当たると言うべきであり、「生存の権利」や「人権」を否定することになるのである。

要するに、「A」〜「C」までの段階は、「人間的段階」である。そして、「D」は「超人間的段階」であり、その間には跳び越えがたい、高い「ハードル」が立ちはだかっている。「C」までの段階を跳び越え、「D」を普遍化することは、「C」の「人間的段階」で獲得された「基本的人権」を否定することになる。柄谷はこの根本的矛盾をどう克服するのであろうか。

したがって、交換様式Cに根差し「永遠平和」を目指したカントの限界を指摘し、カントの理想はDの「純粋贈与」の力によって実現される、という柄谷の立論に対しても、反駁せざるを得ない。カントは、『永遠平和のために』の「第一追加条項」において、永続的な平和は、言語や宗教などの相違を持った諸国家の文化の力の均衡によって産出され、確保されるものであると説いた。これが人間の「自然」であり、これによって、平和に関する相互理解と大いなる一致へと導かれると論述した。この構想は、一つの宗教的信念をすべての人間に適用することを否定していたと捉えることができる。したがって、「純粋贈与」という超人的宗教心を日本国家や世界全体に普遍化しようとする柄谷は、理念としてはカントを乗り越えているように見えるが、人間の現実に照らして見るなら、カントを乗り越えていないのである。

ただ、「D」の「純粋贈与」を、空想的観念と見なして捨て去るべきではない。「D」は人間にとって実行することが困難であるとしても、「超人間的理念」として残しておく。つまり、カントの「永遠平和」に倣《なら》って言うとすれば、それに向かって努力する「永遠の理想」として大きな意味があるからである。

ここで、柄谷が引用したフロイトの考えを、改めて確認する（佐藤正樹訳「戦争はなぜ」—『フロイト著作集　第十一巻』）。フロイトはアインシュタインへの手紙の中で、心理学的見地から、人間の欲動には保存し統合しようとする〈エロス的欲動〉と、破壊し殺そうとする〈攻撃欲動（破壊欲動）〉があり、この二つは結び合っているので、攻撃欲動が発揮される戦争も、完全に除去できないと分析した。その上で、人間の本能を抑制する文化的精神と、戦争の諸影響に対する不安という二つの要因が戦争に逆らうものと指摘した。さらに、戦争を回避するための国際的機構の必要性を認めたのである。

フロイトは、人間性の本質を分析しつつ、文化の重要性や、実効性のある国際的平和機構の設置を構想した。これはカントと共通する理念である。〈ありあわせの手段で危険にひとつひとつ立ち向かう努力〉の必要性を説いたフロイトの言葉は、実効性のある教示である。カントやフロイトの理念が生かされている国連は、確かに現状では改革の必要はあるが、それなりに戦争の抑止と平和の実現に寄与している。このような、平和を志向する地道な努力こそ、今最も求められるのである。カント、フロイトの理念や国連の努力に限界があるからと言って、一足飛びに超人間的な宗教的信念を日本及び世界に適用するのは、実効性のある方策とはとても思えないのである。

なお、日本が九条の実行を宣言するだけで、それに同意する国々が出てきて諸国の「連合」が拡大し、国連の根本的改革が実現できるという、柄谷の提案には大賛成である。国連において憲法九条の理念を大いに訴え、国連加盟国がどのような反応を見せるのか、是非実験してもらいたい。世界と対峙して初めて、内向きの理想主義の〈リアルな〉有効性が試されるであろう。

ただしその前に、柄谷に次の二つの点を要請する。第一に、非武装主義を主張するのならば、自衛権とその行使を認めている九条第一項を改正しなければならない。同時に、我が国が自衛隊を保持したまま国連で軍備撤廃を主張することは、言動の不一致を免れない。したがって、先ず自衛隊の廃止が先決であり、その実現のための言論と行動が国内で必要とされるはずである。第二に、侵略行為を禁止する国連は、一九九〇年のイラクのクウェート侵攻に際して多国籍軍を結成してイラクを撤退させ、クウェートの主権を回復させた。また、紛争地域の平和を維持するため、世界各国の軍隊から成る国連平和維持軍が停戦監視、人道的支援などに従事している(杉原高嶺他前掲書)。このような国連の平和構築のための軍事的措置を、どう評価するのかを明らかにしてもらいたい。柄谷が以上の要請に対する回答を終えたとき初めて、国連での試練を引き受ける資格を持つことができるであろう。

⑥　一九八〇年代以降、資本主義は「新自由主義」となり、資本＝ネーション＝国家を実態とする「新帝国主義」と呼ぶべき段階に入った。この混沌とした争いを阻止するために日本がなすべき唯一のことは、憲法九条を実行することである。米国との軍事同盟は平和を保障するものではなく、世界戦争に巻き込まれる蓋然性が高い。保守派の中枢は、安全保障法のような法律を作って九条を形骸化する方法をとっている。最もリアリスティックなやり方は、九条を文字通り実行することであり、日本人ができる唯一の、普遍的かつ「強力」な行為である。

——二〇世紀後半以降、資本主義は「新自由主義＝新帝国主義」の段階に入ったという、柄谷の考察は、市場原理主義と金融資本主義のグローバルな拡大を考えれば、間違いなく真相を突いている。しかしながら、それを克服する道は憲法九条を実行することであるという主張には、耳を疑わざるを得ない。論理の飛躍が過ぎるからである。確かに、資本主義は完全無欠ではない。資本主義の基本原理は「自由」であるが、その「自由」には「光」と「影」がある。個人や企業の自由を可能な限り保障することによって経済の創造・

発展を促し、人間生活を豊かにするという「光」の面がある。しかし、無制限な自由は、人間らしさの喪失、格差の拡大、自然破壊などを招き、国際的には他国に損害を与えることもある。したがって、この「影」の面を克服するために、資本主義の宿命とも言える「欲望の野放図な拡大」を抑えなければならない。「自由の暴走」を抑制することが「自由」を生かす道である。この倫理的意識を基盤としながら、利潤と効率性を優先させる経済活動の量的拡大から、経済的格差の是正などの質的成熟への転換を図る意識改革が不可欠である。

さらに、グローバリズムとナショナリズムとの対立を乗り越えなければならない。分断と対立を乗り越えるためには、国際的なコミュニケーションを持続し、熟議によって国際協定を作ることなどの地道な努力によって、資本主義の「負の要素」を克服すべきである。

一九九八年にアジア人として初めてノーベル経済学賞を受賞したインド人のハーバード大学教授、アマルティア・センは、経済学と哲学の融合に取り組んでおり、「経済学の良心」と称されている。センは、経済のグローバル化が、地球的公共善の実現に貢献する「正の側面」と、地球的公共悪の増大と結びつく「負の側面」の両面を持つことを洞察した。その上で、「負の側面」を克服し、弱者や貧困者の生存と尊厳を守るために、自由と民主主義の浸透を図るとともに、格差の拡大を防ぐための国際的な制度や仕組みの必要性を説いた（加藤幹雄訳『グローバリゼーションと人間の安全保障』）。自由の暴走と国際的格差を是正する上で、柄谷の主張する第九条の実行と、センの提唱した「ヒューマン・セキュリティ（人間の安全保障）」の理論と、どちらが有効であるかは、誰の眼にも明白であろう。

先に述べたように、米国との軍事同盟については、解決すべき困難な問題があることは確かである。しかし、それが平和を保障するものではなく、世界戦争に巻き込まれる蓋然性が高いと断定することは、一面的な見方である。感覚にとらわれずに、冷静沈着に思考することが大事である。これは比較の問題であり、単独防衛が近隣諸国の覇権主義を増長させるとすれば、単独防衛がベストであるとは限らない。日米両国の独立性を尊重しながら、不合理な戦争は拒否し、平和のための相互安全保障に徹することを条件にするとともに、基地問題などの不条理な部分を改正する努力を続けることによって欠陥を是正するならば、意味のあるものに作り変えることは可能であると考えられる。

次に、保守派の中枢は、安全保障関連法のような法律を作って九条を形骸化する方法をとっているという見解は、全く正しい。すでに述べたように、「解釈改憲」の上塗りを重ねるものであり、「立憲主義」の破壊行為だからである。だからこそ、「真正の立憲主義」を甦《よみがえ》らせて、「規範性」のある憲法に作り変えなければならないのである。

「最もリアリスティックなやり方は、九条を文字通り実行することであり、日本人ができる唯一の普遍的かつ『強力』な行為である」という結語については、私論を敢えて繰り返すが、論理的整合性のない九条の実体を正視し、非武装平和主義の〈リアリスティックな〉結末を想像するなら、〈普遍的かつ強力な〉法典ではない、と断言しておく。

柄谷行人は、文学のみならず、哲学、歴史、経済の分野にまでまたがる広い領域を横断する、スケールの大きな思想家である。柄谷の九条論を総合的に見るなら、浅薄な護憲論とは異なり、根源的な分析力があり、傑出した論究である。ほかの護憲論には見られない広角的な視点に立っているからである。フロイト、カント、マルクスなどの西欧思想を視野に入れた、「空間」の座標軸を用いると同時に、我が国の歴史を掘り起こしながら九条を分析しており、歴史という「時間」の座標軸も用いている。さらに、「贈与理論」という、独自の視点に基づいた「自立的思考」は、対峙するに値する、卓抜な知性を立証している。

にもかかわらず、フロイト、カント、マルクス、徳川の平和、Dの理論、新帝国主義論などの自己研鑽《けんさん》の成果を、「九条護持」の理論的根拠にすることに成功していないのではないか。これまで反論したように、表面的な考察と論理の飛躍があり、実証的な論理構成になっていないのである。現憲法の「事実認識」の多くについて柄谷に賛同できるにもかかわらず、そこから導かれる私の「結論」は、柄谷の「九条護持論」の対極にある。

樋口陽一

数多《あまた》いる護憲派を代表する憲法学者として、樋口陽一を取り上げることに異論はないであろう。

二〇一二年に作られた「自由民主党憲法改正草案」に対する反論書の中から、九条についての樋口の主張に耳を傾け、それに応答する（『いま、「憲法改正」をどう考えるか――「戦後日本」を「保守」することの意味』、⑤は『「憲法改正」の真実』より）。

①「解釈改憲」は、「偽善的」と呼ばれても止《や》むを得ない。しかし、もっと重要なことは、政治の場での「偽善の効用」である。自衛隊の合憲性について政府は、「戦力」ではなく、国家固有の「自衛権」を前提とする「自衛力」であり、自衛のための必要最小限度を越えない、と説明してきた。それは非核原則、集団的自衛権の否定など、その後の政府説明を拘束してきた。解釈改憲による運用を「憲法の空洞化」ととらえることは、実態を見誤ることになる。理念と運用が離れてゆくことに積極的要素を見出し、九条の理

念を維持し、現実を理念に近づけるべきである。それこそが、「護憲」の意味である。
――先に見たように、樋口は、九条一項は、自衛のための戦争をも含む「あらゆる戦争」を放棄しており、二項は一切の戦力を保持しないことを定めたものと解釈しており、「非武装主義」である。しかし、この一項の解釈が誤りであることは、GHQと制定時の日本政府の見解によって証明されている。そして、二項の軍備撤廃規定によって、自衛隊が違憲であることは明白である。ところが樋口は、自衛隊を戦力ではなく自衛力とする政府の「解釈改憲」が、自衛隊の活動を制限してきたと見なし、〈偽善の効用〉と評価している。しかし、「法」においては、〈偽善の効用〉などあってはならない。虚偽と粉飾に塗《まみ》れた解釈改憲の〈偽善〉を認めることは「道徳の退廃」であり、法の形骸化につながる。〈偽善〉から生み出される、汚れた効用を認めることは、「邪道」でなくて何であろうか。憲法学者自身が憲法を破壊することは許されまい。解釈改憲の〈偽善の効用〉を認める樋口と、解釈改憲によって欺瞞を重ねる自民党政権は、同じように「道義の退廃」に陥っており、法の権威を冒瀆《ぼうとく》しているのである。

また、非武装主義を維持し、現実を理念に近づけることこそが「護憲」の意味であると言うのなら、「自衛権とその行使」を認めている一項を改正してあらゆる戦争を禁止し、その上で自衛隊の廃止を主張することが「正道」のはずである。〈偽善〉を解消して「真正の善」を創《つく》り出し、規範性を確保するための「正道」を堂々と歩むべきである。ただしその場合は、非武装主義・絶対平和主義が何をもたらすかを想像し、その対応策を明示しなければならない。

② 九条を変えて国外で戦争をすることに反対である。ただしその一方で、立憲主義の現時点での到達水準を共有した上で九条を改正の対象とすることは、主権国家の国民がそう判断するならばありうる選択肢で

あり、社会の将来像を論じ合うことは、この社会を活性化する。

――この提案は、主権者としての国民の、自由な論議を重視する樋口の民主主義理念を現すものであり、諸《もろ》手《て》を挙げて賛成する。護憲論と改憲論との間の、教条的でない自由闊達《かったつ》な論議が、今最も求められているからである。

③　社会の構造を支える「保守」の基盤がなければ、社会に安定はない。容易に崩れない構造があってこそ、それにぶつかってゆく「変革」は新しいものを築き上げることができる。憲法についても、その基本を深く岩盤に打ち込むことなしに次の新しいものを求めても、実のあるものは得られない。

当初は戦争による被害体験があり、アジアに対する加害意識が加わって、九条護憲を支えてきた。また、九条護憲の力は「沖縄」と「福島」を支え続けており、日本の対外政策を規制してきただけでなく、自由と生存を求める世論や運動を下支えする役割を果たしてきた。九条を「保守」することに意味がある。

――この前段で述べられている「保守と革新の必要性」という樋口の理念を、基本的に肯定する。「保守」のみ、もしくは「革新」のみの一元的思考ではなく、「保守と革新の両立」を目指す二元的思考が、着実な進歩を可能にするからである。「保守のない革新」は伝統的価値を無視し、歴史を断絶させる。「革新のない保守」は創造性に欠け、歴史を停滞させる。「伝統と革新の均衡と調和」によって、新たな社会を創造することこそ、歴史を進展させる要諦である。そしてその際に最も重要なことは、伝統の中の何を守り、何を革新するかを慎重に見極めることとである。

したがって、この理念を憲法に応用する場合には、樋口の所見に必ずしも同調できるわけではない。九条を「保守」の対象にするかどうかについては、見解が異なるからである。すでに明らかにしたように、当初大多数の日本国民は「戦争放棄」と「軍備撤廃」を考えていなかった。柄谷が喝破《かっぱ》したように、日本人の加害意識や理想主義が九条を支えてきたというのは、全く「後付《あとづ》けの論理」である。九条は紛《まぎ》れもなく、幣原とマッカーサーによる合作である。この合作こそ、「保守」を全面的に放棄した「革新」の暴走であり、樋口の理念に反していることになる。「保守と革新の均衡と調和」と言うときの「保守」の本来の意味は、伝統の中の「善」の要素を保守することであり、「悪」の要素は革新しなければならないのである。九条を七四年間変えなかったことが一種の「伝統」になっていることは疑えないが、それは「悪しき伝統」であるから、「保守」すべきではなく「革新」すべきなのである。

次に、後段にある、九条護憲の力は「沖縄」を支え続けているという指摘は、見事に的を外している。なぜなら、九条があることによって自衛のための軍隊を持てないことから、日本の防衛のために日米安保条約ができたのが歴史的事実である。そして、安保条約があるから沖縄が基地問題で苦しんでいるのである。この因果関係を直視するなら、沖縄の苦難の起源は、ほかならぬ九条であり、九条が結果的に沖縄を苦しめているのである。

また、九条が日本国の対外政策を規制してきたことは確かであるが、〈自由と生存〉を求める世論や運動を下支えする役割を果たしてきたという指摘にも、疑問がある。なぜなら、自衛のための軍備を所有しても、〈自由と生存〉は確保でき、両者は両立できるからである。国家危急の場合には、むしろ自衛のための軍隊によってこそ、国民の〈自由と生存〉を守ることが可能になるのである。大事なことは、自衛のための軍隊を、侵略などの「悪」を犯すために使うのではなく、「善」の実現のために使うことである。九条を「保守」することに意味があるとする主張の理論的根拠は、〈岩盤〉とほど遠い脆《もろ》いものであると言わねばならない。

④　加藤周一の考えを受け止めれば、正統性を争う対立の中から、寛容という仕組みを構築した西欧に対し、日本の文化伝統は、「寛容と不寛容との区別のない一種の経験主義」を特徴とする。西欧思想は超越的価値としての正義を持つとき、「正しい戦い」が正当化される。その目的のために人間を手段として扱う非人間性を内在させているが、それに対する日本の文化的独自性にこそ、西洋思想を克服する力があり、日本国憲法の第九条の客観的意義がある。

——ここで樋口が引用している加藤周一の言葉は、言い換えれば、日本人の「和と寛容の精神」であろう。すなわち、日本人の文化的特性は、自然や動植物との融和・共生の精神である。西欧近代文明が人間中心主義の下で、自然を物質として利用し破壊してきたのに対して、日本人は自然の中に「神」を見ることによって、自然と共生する精神を持ち続けてきた。「和の精神」は、自然を破壊した近代合理主義の「負の要素」を克服する力を秘めているのである。また、この「和の精神」は、外来の仏教と固有の神道とを共存させた。他宗教との融和・共生の精神は、激しい宗教的対立によって亀裂を深める現代世界において、光明となる貴重な力を内包している。このような、自然や異文化に対する「寛容」の精神が日本人の伝統である。ただしその根底には、人間を超越した「神的存在」を認める心性があるからこそ、他者への「寛容」の精神が生まれると考えることもできるのである。したがって、〈寛容と不寛容の区別のない〉のが日本の伝統という加藤の指摘は、的確ではないように思われる。

また、「和の精神」に西洋思想を克服する力があるとしても、すべての戦争・軍備を放棄する第九条に直結するとは言えない。「和の精神」は、対立が起った時には直ちに武力によって解決しようとするのではなく、話し合いや交渉などの非軍事的方法で解決しようとする態度である。しかし、理不尽な侵略があり、国民の生命が危険にさらされるような緊急事態の場合には、国民の生命を相手に委ねてただ自滅を待つのではなく、自己防衛のために戦うこともあり得るのである。したがって、「和の精神」とは、命を差し出してまで他者と一体になることではなく、国民を守る「自衛のための軍隊」と矛盾するものではない。「和と寛容の精神」は、「非武装主義」と同義ではないのである。

⑤　近隣諸国に加害を行なったことを明確にせず、歴史認識を放置して責任を引き受けないまま、自衛のための戦力を持つことは相互不信をますます煽《あお》る。九条を保守してきたことが世界の信頼を受けてきた。大東亜戦争で軍は国民を守らなかった。九条を変えて軍を作るのならば、国民主権の論理で軍をつくらなくてはならず、志願制であれば国民的常識から乖離《かいり》するので、徴兵制でなければならない。現在は、対米従属路線もしくは対米協調至上路線を取っているが、軍隊を持ち、単独防衛によって対米従属を脱するという考えに対しては、アメリカと軍事的に対抗する覚悟はあるのかと問いたい。

――先ず、歴史認識の問題について応える。私個人に関して言えば、大東亜戦争の真只中に生まれたが、終戦時二歳だったので、戦争の記憶は全くない。しかし、知識として、近隣諸国に対する植民地支配や過剰な軍事的拡大などを認識している。戦前日本の軍事的膨張策は、日本人本来の心性である「和の精神」を逸脱していたと考える。近代日本の帝国主義的政策は「負の歴史」であることを認めなければならない。ただし、我が国が歴史認識を放置したままであるという指摘については、これまで国の最高責任者は何度も声明を出しているにもかかわらず、その内容についての、国内外での評価が分かれているのであり、決着の難しい問題である。

また、九条を保守してきたから世界の信頼を受けてきたと言うのであれば、実例を挙げて証明しなければならない。

次に、軍を作れば徴兵制でなければならないという主張は、一理ある。戦闘による犠牲を少数の軍人だけに負わせるのではなく、国民が平等に負担すべきであるとする考えには、合理性がある。ただし、日本の現実に鑑《かんが》みて、徴兵制を軍隊設置の必須条件とすることには、慎重な判断が必要である。現実的方策として、志願制と、国民の協力を義務付ける仕組みとの併用などが考えられる。どのような制度を選択するかは、国民的議論が必要であり、国民の意思によって決定すべきであると考える。

また、繰り返し述べているように、〈対米従属〉は解消せねばならず、日米安保条約は改善すべきである。しかし、軍隊を持ち、単独防衛によって対米従属を脱するという考えに対して、アメリカと軍事的に対抗する覚悟はあるのかという、樋口の問いは、乱暴な論理である。なぜなら、改憲論のすべてが単独防衛論であるわけではない。また、仮に単独防衛論であったとしても、それが必ずしもアメリカと軍事的に対立するとは限らない。アメリカは勿論のこと、すべての国と相互尊重の理念に基づいて友好・協調関係を築くことは、十分可能だからである。

樋口の護憲論を分析すると、始めから「護憲」という結論を決めているため、改憲論に対する様々な反論を考え出して、硬直した論理に支配されているのが窺《うかが》える。だから、九条成立の歴史の無視、「非武装主義」に対する基本的認識の欠落、条文に〈偽善の効用〉を認める「邪道」などが露呈されるのであろう。

樋口が憲法学の権威であればこそ、憲法の原理に基づいて「真正の善」を確立し、憲法典としての「規範性」を確保することに努めてほしい、と要望する。そして、主権国家の国民として社会の将来像を論じ合うことを説く樋口の、民主主義と立憲主義の理念を信頼するがゆえに、改憲論との、自由で開かれた討議を切望する。

すべての九条護持論は「改憲論」に通じる

九条護持論の共通点をまとめると、こうなるであろう。

第一に、九条の制定経過という「歴史認識」の欠落である。連合国やアメリカ本国の発想ではなく、まして日本国民の発案でもなく、幣原の邪道とマッカーサーの無責任な理想主義による合作であり、憲法の「自律性」と「正統性」を損なうものであることを認識する必要がある。過去であれ未来であれ、「時間」の意識を忘却した思想は、固定化と硬直化によって頑迷固陋《がんめいころう》な保守主義に陥り、創造と進化を生み出すことはできない。護憲論こそ、「悪しき保守主義」の典型にほかならない。

第二に、護憲論者の圧倒的多数は「非武装主義」・「絶対平和主義」と見なしてよいと思われる。そして、これまで何度も説いてきたように、「絶対平和主義」を国家的・国民的規模で普遍化することは、多くの人命が失われ、「生存権」という基本的人権が奪われることを容認するがゆえに、肯定できないのである。「絶対平和主義」の現実的結末についての「想像力」の欠如が、致命的欠陥である。

第三に、第一項で「自衛権とその行使」を認めながら、第二項で戦力を禁止するという論理的矛盾を不問に付していることである。例えば、絶対平和主義を唱える憲法学者・杉原泰雄一橋大学名誉教授は、立憲主義を破壊する政府の解釈改憲を強く批判しているのは正当である。ところが、九条のすぐれた点を強調する護憲派であり、一項と二項との根本的矛盾を無視しているのである（『試練に立つ日本国憲法』）。

一方で、前出の長谷部恭男は、純粋平和主義は国民の生命と財産を守るべき政府のあり方に反しているので、憲法原理として実践することは立憲主義に反すると主張しており、現実を見据えた、明敏な見識である（『憲法の良識　「国のかたち」を壊さない仕組み』）。ところが、九条の一項と二項は、武力行使を放棄し、武力組織も持たないと定めているので、軍事的活動の「出発点はゼロ」であるが、これはあくまで「原理」であり、他国からの武力攻撃を受けることがあれば、武力組織を持たざるを得ないと主張する。そして、その場合は政府にその責任と説明の義務があると言う。しかし、再三述べているように、一項は自衛権とその行使を認めているのであるから、一項の武力放棄という解釈は、間違っている。また二項で一切の戦力を持てないのであるから、政府に戦力組織を持つ権限のないことは明白である。しかも、そもそも第九条は「原理」ではなく条文であり、法的効力はあるので、戦力保有を認めること自体が憲法の規範性を壊していることになる。「限定平和主義」に立つ長谷部の理論は結局、自衛隊は違憲ではないとしてきた保守政権の欺瞞的な解釈改憲と同じ過《あやま》ちを犯しているのである。

いずれにせよ、すべての九条護持論者は、白紙の状態で九条を見るのではなく、最初から「護憲」という結論を決めているため、第一項と第二項との間の根本的矛盾に目を向けることを怠り、護憲のための理屈を無理矢理作り上げているのである。しかしそれは、立憲主義の命である「規範性」を歪曲しており、真正の立憲主義ではない。

護憲論を合理的に解析してみよう。「絶対平和主義」を唱える人は、九条二項の「軍備撤廃」は当然そのままであるが、制定時の政府解釈が「自衛権とその行使」を認めている一項を改正しなければならず、「すべての戦争を放棄する」という趣旨の文言を加える必要がある。また、自衛のための軍備を認める「限定平和主義」の人は、制定時の政府解釈は、一項で「自衛権とその行使」を認めているが、二項で自衛のためのであっても軍備は保持できないとしたのであるから、一切の軍備を禁止した二項を削除しなければならないはずである。したがって、すべての九条護持論は必然的に九条改正論に行き着くのである。護憲論者は、この厳正な事実をしっかりと受け止めるべきであろう。

護憲論の最大の共通点は、立論の根底に潜む、ある顕著な思考様式である。それは、いみじくも柄谷行人の透視した〈無意識〉である。すなわち、第九条の表面だけを見て、その深層にある、制定の歴史的実相と論理的整合性の欠如に無関心を貫く〈無意識〉であり、その実体は「思考停止」である。この「思考停止」こそ、現行条文を神格化している元凶なのである。ドグマ（宗教上の教義）と化している九条護持論は、帝国憲法を「不磨《ふま》の大典《たいてん》」〔不滅の大法典〕と見なした戦前国家の思考様式の裏返しに過ぎない。

そして「思考停止」は、丸山眞男の言う〈執拗《しつよう》低音〉〔執拗に持続する低音——音楽用語〕となって護憲論の〈古層〉に潜流しているのである。私たちは、岩盤のような教条主義的思考から解き放たれて、「自由な思考」を回復せねばならない。

第三節　三島由紀夫の九条改正論を吟味する

九条改正論は、大きく三つに分かれる。第一は、第一項の趣旨を残し、第二項を削除して自衛のための軍隊を明記する案であり、第二は、現行条文をすべて残した上で自衛隊の存在を追加規定する案、そして第三は、現行条文をすべて削除し、新たな条文を作るというものである。三島の改正案は第三の型に属するが、その論旨を改めて確認し、その意義と問題点を探ってみる。

① 九条を論理的に解釈すれば、自衛権も明白に放棄されており、いかなる形の戦力の保持も許されず、交戦権を有しない。第九条の字句通りの順守は「国家として死ぬ」以外にない。しかし死ぬわけにいかないから、緊急避難の理論によって正当化を企てる牽強付会《けんきょうふかい》の説を立てたのである。

——〈自衛権も明白に放棄されている〉という指摘は、第一項で「自衛権とその行使」は認められるが、第二項によって否定されるので、結論として正しい解釈である。そして、政府の解釈改憲を、〈牽強付会〉〈自分の都合のよいように無理に理屈をこじつけること〉という表現を用いて、「規範性」の破壊を巧みに暴《あば》いている。そしてこれが、国の根本問題である防衛が、日本人の魂の腐敗、道義の頽廃《たいはい》の根本原因をなしていると主張する檄文へとつながっており、至当と言うべきである。

② 九条と日米安保条約とは合わせて一セットになるように仕組まれており、米国のアジア軍事戦略体制に組み入れられている。自衛隊は明らかに違憲であり、その創設は、朝鮮戦争勃発などのその後の国際政治状況の変化によって、アメリカ自身の要請に基づくものである。しかるに吉田内閣は、新憲法を抵抗の「かせ」として経済的自立の急務を説き、防衛問題からアメリカの目をそらせた。これが今日の未曾有《みぞう》の経済的繁栄をもたらした。自民党の、護憲のナショナリスティックな正当化は、第九条の固執により、片やアメリカのアジア軍事戦略体制に乗りすぎないように身を慎み、片や諸外国の猜疑《さいぎ》と非難をそらそうとした。

——九条と安保条約との一体性という指摘は、史実に即している。米国のアジア軍事戦略体制に組み入れられているという指摘も、国家の自立性という今日にも通じる問題である。また、自衛隊の違憲性を糾弾するとともに、その成立の経緯、吉田ドクトリンの実相とその後の我が国の経済至上主義という、異常な国家状態を、鋭く抉《えぐ》り出している。それは、道義や、歴史・伝統・文化などの精神的価値を忘失した戦後社会に対する告発につながるものである。三島の明徹な指摘は、今なお私たちを喚起させる鮮烈な閃光を放射しているのである。

③　第九条第一項によって自衛のための戦力の保持は可能であるが、第二項は、自衛権の放棄を意味するから削除すべきである，という改憲論の意見に賛成である。ただし、第一項は、世界各国の憲法に必要事項として挿入されるべきであり、日本国憲法のみが国際社会への誓約を国家の基本法に包含しているのは、不公平を免れない。むしろ第九条全部を削除するほうがよい。九条の改廃は独立にそれ自体として考えてはならず、第一章「天皇」の問題と関連させて考えなくてはならない。国軍の創立を謳《うた》い、建軍の本義を憲法に明記して、次のように規定するべきである。

「日本国軍隊は、天皇を中心とするわが国体、その歴史、伝統、文化を護持することを本義とし、国際社会の信倚《しんい》と日本国民の信頼の上に建軍される」

防衛は国家の基本的な重要課題であり、自国の正しい建軍の本義を持つ軍隊のみが、空間的時間的に国家を保持し、主体的に防衛しうるのである。憲法改正は喫緊《きっきん》の課題である。なぜなら、解釈上の混迷を残したまま物理的軍事力のみを増強することによって、自衛隊は最も大切な魂を失うことになりかねないからである。

——三島が前段で、第一項を残し、第二項を削除する改憲論に一応賛成しているのは興味深い。今日でもこのような改正案を主張している論者は多いからである。また、その場合は、不公平を解消するために、世界各国の憲法に必要事項として挿入されるべきであるとする主張は、当然とも言える。ただ、先に見たように、すでに世界の多数の国の憲法はこの理念に基づいて作られている。また、すべての国連加盟国は、この理念を謳っている国連憲章を順守することになるのであるから、この理念を敢えて世界各国の憲法に要求する必要はないように思われる。

　次に、最良の方法は第九条全部を削除することだとして、独自の条文を構想しているので、その妥当性について考える。後段の「国際社会の信倚《しんい》〔信頼〕と日本国民の信頼の上に建軍される」の部分に異論はない。ただし、前段の「天皇を中心とするわが国体、その歴史、伝統、文化を護持することを本義とし」にある「国体」については、慎重に判断する必要がある。なぜなら、「国体」の定義は多様であり、説く人によって意味が異なるからである。

　「国体」という概念を歴史的に考察するなら、どの国にも適用できる「国柄」という一般的な意味のほかに、我が国特有の国体概念が平安時代後期に、真言密教の高僧・聖宝《しょうぼう》によって初めて唱えられ、天照大神《あまてらすおおみかみ》が「国体」の本位と見なされた（拙著『三島由紀夫の国体思想と魂魄』）。そして江戸時代末期に、水戸学者の會澤《あいざわ》正志斎《せいしさい》が国体論を学問的に体系化し、大成した。會澤の国体思想は、（1）天上の神の子孫である天皇の永遠性、（2）君民一体〔天皇と国民との心情的一体性〕、（3）忠孝一致〔天皇への忠義と親への孝行との一致〕、（4）祭政一致〔政治と宗教の一致〕、（5）政教一致〔政治と教育の密着〕の、五つの基本理念から成り立っている。そして、記紀神話と儒教精神を合体させた會澤の斬新な国体思想は、薩長などの志士たちの求心的理念となり、「尊王攘夷」、「王政復古」をスローガンとする討幕運動へと導き、明治維新が達成された。さらに国体理念は、近代日本国家の基盤となった大日本帝国憲法と教育勅語の思想的原理となるなど、国家思想の基軸となって、国家の独立と国民精神の統一に寄与した。そしてその後、「国体観念は国民一人一人の心の中にあり、一億種ある」と、三島が指摘したように（「二・二六事件と私」）、政治家・学者・思想家などによって、多彩な国体論が派生したのである。

三島の国体概念も多様であり、「歴史・伝統・文化に準拠し、国民の長い生活経験と文化経験の上に成立するもの」という一般的な意味のほかに、三島固有の国体理念も語っている。「天照大神に直結する天皇の永遠性」と「君民一体」は水戸学と共通するが、戦後の天皇については「祭政分離」を唱え、日本文化の象徴である祭祀行為を天皇の本質と見なした。政治に汚染されない〈文化概念としての天皇〉と「言論の自由」とを結びつけた〈古くて新しい国体〉を提唱したのである。

三島は、この改正条文でどのような意味で「国体」を用いているのか、詳しい説明をしていない。だが、敢えて推測するなら、三島の言う一般的な意味と、「日本の歴史・伝統・文化の中心にいる天皇」、すなわち三島独自の〈文化概念としての天皇〉とを組み合わせたものと言えそうである。

ただ、「国体」という言葉を憲法で用いることには、困難さが付きまとう。なぜなら、国体思想には大きな歴史的意義があるが、その反面で、万国における天皇の優越性を説く理念が、戦前昭和期において対外膨張政策に悪用された「影」の部分があるからである。また先に述べたように、「国体」の意味があまりに多様であり、一般性や普遍性に欠けるので、憲法用語としての適性が疑われるからである。

にもかかわらず、普遍性に欠ける「国体」という言葉を避けて、建軍の目的を「天皇を中心とするわが国の歴史・伝統・文化を護ること」と捉えるなら、この提言は納得できる。憲法上、天皇は「日本国及び日本国民統合の象徴」である。「象徴」を中心とする日本国家と日本文化を守ることは当然だからである。

そして、「自国の正しい建軍の本義を持つ軍隊のみが、空間的時間的に国家を保持し、主体的に防衛しうる」、「憲法改正は喫緊《きっきん》の課題である」という最後の主張は、私たちを突き刺す刃である。三島が命を賭けて訴えた〈喫緊の課題〉は、五〇年が経っても未《いま》だに解決していないからである。

三島の九条改正論は、日本国家の「アイデンティティ（自己同一性）」と「ナショナリティ（国家の特質）」を土台としつつ、「楯の会」を結成するなどの行動に裏付けられた確固たるものであり、全身全霊をもって発せられた強力な光を、私たちに浴びせているのである。

最後に、憲法条文に直接関わるものではないが、〈国土防衛軍〉と〈国連警察予備軍〉とに分ける、三島の「自衛隊二分論」に一言《ひとこと》触《ふ》れておきたい。先ず、日米安保は二国間の集団安全保障体制であるから、〈予備軍〉であっても、日米安保に基づく同盟軍を〈国連警察軍〉とするには無理があるように思われる。しかも、海外での軍事行動はできず、日本国土と外周を侵略から守ることを目的としているので、国連の平和維持活動とも異なっており、〈国連警察軍〉を名乗ることはできないのではあるまいか。

第四節　注目すべき九条改正論を読み解く

江藤淳
評論家・江藤淳（一九三二〜一九九九）は、護憲派の憲法学者・小林直樹元東大教授らと繰り広げた論争を記録した書『憲法論争』で、九条について持論を展開している。
①　九条の制定過程を見ると、マッカーサー・ノートに基づき、ケーディスらが修正して起草したが、その基になっているのは、ＳＷＮＣＣの二二八文書である。ＧＨＱは、憲法を起草したことに対する批判を検閲対象にし、日本国民の心理操作をした。史実を見れば、九条制定は日本国民や日本政府の意思とは無関

係であった。占領下にあっては、余儀なく受け入れなければならない生存維持の条件であったかもしれないが、今日では、国家国民の存立を危うくするものである。この憲法の拘束から自由になる日が、一日も早く到来することを切望する。

——マ・ノートと民政局の草案の基になっているのは、SWNCCの二二八文書であるという江藤の指摘は誤解である。すでに指摘したように、SWNCCは軍備撤廃を全く考えていなかったのであり、幣原とマッカーサーによる合作だったからである。しかし、GHQが憲法を起草したことに対する批判を検閲対象にしたこと、九条制定は日本国民や日本政府の意思とは無関係であったことなどは、歴史の真実を正確に炙《あぶ》り出している。特に、日本人に民主主義を指令しながら、民主主義の根幹である「言論の自由」を圧殺したGHQの重大な過ちを掘り起こした江藤の功績は、多大である。そして、憲法の拘束から自由になるべきだとする江藤の至言《しげん》を、真正面から受けとめなければならない。

② 九条は戦後何らの役割を果たしていない。一部の日本人にとってはピース・シンボルにはなっていたが、戦後平和が維持されてきたのは、アメリカと同盟関係に入って、アメリカの超大国としての安全保障能力を利用してきたからである。九条は再軍備の歯止めになっているという理論によって、マイナスが生まれている。自衛隊は軍隊ではないという、庶民には理解できない、煩瑣《はんさ》極まりない解釈など、認識の混乱があるのは大きなマイナスである。自衛隊の前身である警察予備隊の創設も、朝鮮戦争の勃発という国際政治の変化によって、マッカーサーが指令したことであり、非武装化の日本は軽武装化せざるを得なかった。今日まで維持されているこの基本的矛盾は、解消すべきである。

——戦後平和が維持されてきたのは、アメリカとの同盟関係により、アメリカの強大な安全保障能力を利用してきたから、という指摘は、三島と同じ見解である。九条があるために無防備な日本を守ることを規定した日米安保条約ができたのであるから、この見解は史実に合致している。また、九条は再軍備の歯止めになっているという理論によってマイナスが生まれているという指摘も、〈偽善の効用〉を説く護憲論に対する有力な反論になっている。政府の解釈改憲が認識の混乱を招いていること、また警察予備隊創設の法理的矛盾を暴いている点も、全く首肯できる。

③　九条の非武装平和を国際社会に訴えても、その認識のギャップは大きい。世界の平和が維持され戦火が勃発しないためには、先駆的なことをするのではなく、火がつかないようなことを、謙虚に毎日毎日努力しつづけることが大切である。

――前段は、国連での訴えという柄谷行人の提案の結末をすでに予見しており、私見と一致する。後段の「戦争を防ぐためには、謙虚に毎日毎日努力しつづけることが大切である」という提言は、〈ありあわせの手段で危険にひとつひとつ立ち向かう努力〉の必要性を説いたフロイトの考えと共通性があることに注目してよいだろう。

江藤の所見は、一カ所の事実誤認を除けば、歴史認識や条文の不条理性、政府の解釈改憲の矛盾など、理路整然としている。また、具体的な改正案を提示しているわけではないが、戦争を防ぎ平和を維持するための江藤の提案は、地味ではあるが実効性のある方法であろう。

西部邁

西部は、九条の改正私案提示に先んじて、改正の理論的根拠を説明している（前掲書）。その見解のポイントを取り出した上で、最後に具体的条文を検討する。

① 現憲法が求めている平和は、「正義と秩序を基調とする平和」であり、「不正義の平和」を含めた平和一般ではない。正義が何であるかを確定するのは難しいが、「ルールによる支配」を正義と見なすべきであり、侵略を見過ごす「不正義の平和」は、真の平和主義ではない。

――侵略戦争に対して傍観的な態度を取る絶対平和主義者にとって、平和は「不正義を認める平和」であり、「真の平和主義」ではないという指摘は、ほかの改憲論者の言及していない独創的見解であり、護憲論者に対する有効な反論になるであろう。

② 九条第一項は、侵略戦争のみを禁止するとケーディスが修正したのであるから、自衛戦争は認められると解釈でき、戦争一般を放棄したのではない。

――この指摘の前提については、自衛戦争を認めるように修正したのはケーディスだったので、一面では正しいが、その文言が曖昧であったため、日本政府がさらに修正した事実にも触れてほしかった。ただし、戦争一般を放棄していないという結論は、正確な解釈である。

③ 侵略的武力行動の多くが自衛を目的として行われたので、自衛戦争を認めると侵略的武力行動に道を開くとする理屈、また自衛と侵略の区別が難しいので、自衛を認めると侵略も許すことになるという理屈は、「武力を手にするくらいなら自滅したほうがよい」という絶対平和主義になる。これは無警察の無秩序状態のほうがよいという論理と同じであり、無秩序の平和が護憲論者の到達点である。その遠因は、九条が自衛と侵略の概念的仕分けを明確にしなかったところにある。

――前半の絶対平和主義批判は私見と一致する。また、自衛と侵略の概念的仕分けについては、日本政府が修正して仕分けをしたにもかかわらず、明快さを欠いたために混迷をもたらしたと見なすべきであろう。

④　九条は、侵略戦争を放棄し、次に、主権国家として自衛する権利があるのを承知した上で、戦力を保持せず交戦しないと宣することによって、自衛権を放棄した。国家の根本規範を制定するのは、国家の存続を願えばこそであり、「自衛権の放棄」は、憲法を制定することの意味自体を疑わしめる。自衛隊を合憲としてきた、ごまかしの解釈改憲は、国家の緊急避難としては許されるかもしれないが、常習化するのは許されない。

――主権国家として自衛権を放棄することは、国家の存続を保証する憲法の意味自体を否定するものであるという指摘は、私たちの迷妄《めいもう》を覚《さ》ます卓見である。また、解釈改憲を常習化することは許されないという見解も、「規範性」を原理とする立憲主義の本義に基づいており、正当である。

⑤　第九条私案

日本市民には日本国家の独立と安全を保つ義務が課せられる。

その義務を全《まっと》うするため、日本政府は国防軍を形成し保持しなければならない。

国防軍は他国にたいする侵略的な目的のためにその戦力を使用してはならない。また国防軍は、自衛のための軍事行動を準備し実行するに当たり、集団的自衛や国際的警察を含めて国際協調に最大限の配慮をしなければならない。

国防軍の最高指揮権は内閣総理大臣に属する。

――先ず注目すべきは、第一項にある〈日本市民〉という用語である。なぜ西部は〈市民〉という言葉を使ったのか。すでに私案の前文で〈日本市民〉を用いているのであるが、その理由をこう説明している。

〈国民〉とは、国家の歴史を貫く伝統的精神を具現しており、過去世代、未来世代を含めた仮想的な人間集団である。したがって、このような意味の〈国民〉に「主権」があると考えるべきであり、〈市民〉とは、実際に日本に今生存している人々を指し、その〈市民〉に国家の独立と安全を保つ義務がある。

西部の定義に従う限り、確かに国家の独立と安全を保つ義務が課せられるのは、現に生きている〈市民〉である。ところが、〈citizen＝市民〉には多様な意味がある（『The Oxford English Dictionary Second Edition vol.II』）。原義は「市の住民（inhabitant）」であり、さらに「市民権を持つ市民」、「民間人（civilian）」などの意味を持つようになった。そして、第二の意味が「国政に参与し、国の保護下に置かれる国民」である。したがって、〈市民〉という言葉は、第一義的意味が一般的であり、第二義的な〈国民〉を意味する〈市民〉を用いることは、誤解を招き混乱を引き起こす可能性があるので、憲法用語として適切でないように思われる。西部の言うように、〈国民〉が過去・現在・未来のすべての日本人であるとするなら、実際に〈国家の独立と安全を保つ義務〉を遂行できるのは、「過去・未来の国民」ではなく「現在の国民」であることは自明である。しかも、日本国内で〈市民〉として生活している外国人は、日本国籍を取得していなければ、〈国民〉ではない。したがって、〈市民〉は〈国民〉とイコールではない。このように考えると、混乱を引き起こしかねない〈市民〉ではなく〈国民〉を使用するほうが、憲法用語として厳密性が保たれると考える。

次に、第一項の国防義務については、国家から様々な便益を受けている国民に国防義務を課さないのは異常であると断じており、国家との倫理的関係を重視するのは当然である。なお兵役の補足説明の中で、志願制か徴兵制かについては、断定を避け、その具体化は法律に委ねるのが適当だとしているのは、「国民主権」の原理を考慮するなら、穏当な判断と思われる。

また、第二項以下には基本的に賛同する。中でも、第三項で侵略戦争の禁止を明確にして、曖昧さを解消している。また、個別的自衛、集団的自衛、国際警察という三重構造の均衡を重視し、〈集団的自衛や国際的警察を含めて国際協調に最大限の配慮〉を明記したことは現憲法に欠けている点であり、特筆に値する。

西部の理論は、九条の矛盾や、政府の解釈改憲の欺瞞を告発するだけでなく、絶対平和主義に対する反論など、九条を根本的な思想の問題として捉えている。また、具体的条文においても、緻密に構想された改憲論となっており、大いに参考にしてよいと思う。

西修

憲法学者・西修の改正私案の第九条に目を通してみる。私案の前提として、「世界でも有数の装備と能力を有する自衛隊を『戦力にあらず』と糊塗《こと》することは許されない」と主張しているのは、解釈改憲の欺瞞性を告発しており、正当である。その上で、次のように提言している（『憲法改正の論点』）。

〔国際平和および国の安全〕

（国際平和の希求）

第A条　①日本国民は、正義と秩序を基調とする国際平和を誠実に希求し、平和に対する脅威の防止と除去に努め、国際社会の安寧を破壊するいかなる行為をも、否認する。

②日本国は、国際紛争の平和的解決に努め、他国に対する侵略の手段として、国権の発動たる戦争、武力による威嚇または武力の行使を永久に放棄する。

③前項の規定は、国の固有の自衛権の行使を妨げない。

〈軍の保持〉

第B条　①日本国は、その主権と独立を守り、国際平和の推進に寄与するため、軍を保持する。

②軍の最高指揮権は、内閣総理大臣に属し、軍の行動については、文民による統制の原則が確保されなければならない。

③軍の編成および行動は、法律でこれを定める。

――これを見ると、第A条の①と②で現行条文の文言を残しつつ、〈侵略の手段としての戦争、武力行使の放棄〉を明記している。さらに③で〈自衛権の行使〉を明確にしており、現条文の曖昧さを払拭《ふっしょく》していると言える。そして、主権と独立を守ることに加えて、国連憲章などを生かし、国際社会の平和と安全に寄与することを重視していることが特徴であり、第B条の①で、それらを目的とする〈軍〉の設置を規定している。この①と、文民統制の原則を明記し、最高指揮権の権限を内閣総理大臣に与えている②は、ともに西部の案と一致する。

西の私案は、現行条文の価値あるところを生かしつつ、論理的整合性のある条文へと改良したものであり、綿密に練られた案と評価できる。

井上達夫

九条改正論の中で異彩を放っているのが、法哲学者・井上達夫東京大学教授である。著書『立憲主義という企て』は、立憲主義や「法の支配」を法哲学的基礎に遡《さかのぼ》って掘り下げたのちに、九条問題、刑罰権力、司法改革などを論じた、四百数十ページに及ぶ大著である。九条私案提起に至るまでに立憲主義の原理から説き起こし、数名の護憲論者に対する舌鋒鋭い反論など、膨大な論理展開がある。九条問題についてこれほど豊富な内容のある著書は、ほかに見当たらない。だが、ここではそのすべてに言及する余裕はないので、九条問題の核心と私が判断した論点に限定して取り上げることとし、その要点を示す。

① 憲法9条は、1項で「戦争放棄」を謳《うた》うだけでなく、2項で「戦力の非保有」と「交戦権の非行使」を明示的に定めているにもかかわらず、六〇年以上にわたって、自衛隊という武装組織を保有し、米軍基地を提供する日米安保体制を保持してきた。戦力の現実と憲法との矛盾を隠蔽糊塗し、あるいは矛盾を認めながら開き直ってその存続を政治的に是認することによって、歪《ゆが》みが拡大されてきた。「九条問題」を隠蔽し滅却しようとする政治的・イデオロギー的諸力の歪みをいかに正すかという問題をも含んでいる。

——この1項の解釈については、「戦争全般」を放棄したのではなく、「侵略戦争」を放棄し、「自衛戦争」を認めているという、政府解釈及び私見と異なる。だが、自衛隊及び日米安保体制と憲法との間の矛盾を隠蔽している政治的・イデオロギー的歪みを痛烈に暴《あば》いている。これは、三島、江藤、西部、西の見解とも一致するものであり、私見も同調する。

② 「正しき法」をめぐる政治的対立が人間社会に執拗に存在しているという事実を直視して初めて、「法の支配」の存在理由が明らかになる。政治的対立が不可避であるがゆえに、それを裁断するために反対者をも拘束する集合的決定としての政治的決定が必要となる。新たな政治的競争のラウンドでそれを覆《くつがえ》せるまでは、公共的決定としての規範的権威を承認することが可能でなければならない。この規範的権威は、政治的決定が産出する法の「正当性（rightness）」と異なるため、それと区別して法の「正統性（legitimacy）」と呼ばれる。「法の支配」は、政治的決定の「正当性」についての特定の党派的イデオロギーを対立者に

押し付けることを合理化する理念ではなく、対立する政治勢力に対し公正な政治的ルールの制約を等しく課すことによって、かかる政治的決定の「正統性」を保証することを要請する理念である。立憲主義とは、このような「法の支配」の理念を憲法規範に具現して統治権力を統制する企てである。

しかし、右派の改憲派だけでなく護憲派も、党派的イデオロギーを実現する手段として憲法を歪曲濫用《らんよう》している。いずれも、「正統性」を保証するための公正な政治的ルールとしての憲法を蹂躙《じゅうりん》することにより、立憲主義を蔑《ないがし》ろにしている。右派の改憲派も、護憲派も、立憲主義を蹂躙している点では同罪であり、「護憲」を標榜しながら立憲主義を裏切っている点では、護憲派の罪の方が深い。護憲派は、9条2項に反して自衛隊と日米安保を解釈改憲で容認し、あるいは違憲状態凍結論で政治的に是認しており、矛盾を解消し軍事力を憲法統制下に置く抜本的な改正を拒否している。2項を蹂躙しているだけでなく、憲法を自分たちの政治的都合に合わせて実質的に改変している。解釈改憲を行なっている点で、解釈改憲拡大で集団的自衛権を解禁する安倍政権と同罪である。

――前段において、「法の支配」と立憲主義の原理に基づいて、解釈改憲や護憲論の矛盾を明るみに出したのは、井上独特の立論である。法哲学の知見によって構築された、この難解な理論を、私なりにこう解釈する。「正統性」の定義が、私見と井上とでは異なっている。第二章で示したように、私見は、憲法創出の過程において「日本国民の主権に基づく憲法制定権力」が発動されていないので、憲法としての「正統性」が欠如していると見て、それを改正すべき論拠とした。それに対して井上は、たとえ不条理な内容を持つものであっても、創出された法にその「正統性」を付与していると見ることができる。したがって、自分たちの「正当性」を唱えて、すでにできている「正統性」のある法を自分たちの都合のよいように勝手に変えることは許されない。条文に違反する自衛隊という現実を作り出し、それを容認することは、「法の支配」と立憲主義に反するわけである。

私論は、「欺瞞」、「邪道」などの通俗的表現を用いて「規範性」を破壊する「解釈改憲」を批判したが、すでに成立している法の「正統性」についての考察を欠いていた。井上の理論は私論を原理的観点から補助してくれており、その学問的厳密性に啓発される。井上の、「法の支配」と立憲主義の尊重を説く見解は、解釈改憲を続けた保守政権と、自衛隊を容認する護憲派への、根本的な批判となっているのである。

③　改憲派にも二つの欺瞞性がある。その第一は、憲法が米国により押し付けられたものであり、法的にも政治的にも正統性を欠くという理由で「押し付け憲法」を峻拒するが、一方で「押しつけ農地改革」を容認し、そのやり直しを唱えない。これは政治的二重基準であり、占領期改革の「おいしいところ取り」である。この使い分け自体が、自己の政治的選好《えりごのみ》に合致しているか否かにかかっている。この点で護憲派の姿勢と同じである。

第二に、9条改正によって国家的独立と政治的主体性の確立のために軍事力保有の必要を説きながら、実際には、日米安保体制の強化と対米従属構造を維持強化し、米国の軍事的世界戦略に組み込まれることを推進しようとしている。これは改憲派の「主体性喪失」を示す証左である。

——この告発に対して、改憲派である私は応《こた》えなければならない。第一の指摘については、第二章で述べたように、現憲法は、敗戦によって主権を喪失した結果の産物であり、「押し付け」であっても、国際法上有効である。したがって、現憲法のすべてを否定し、破棄するものではない。制定過程において「正統性」のない憲法であるがゆえに、「日本国民による憲法制定権力」によって「正統性」を確保し、改めて見直す必要がある。その際には、現憲法の、「国民主権」や「基本的人権の尊重」などの価値ある理念は原則的に残し、不条理な第九条や、現実に適合しないところ、不足しているものなどを改正すべきである。すなわち、ＧＨＱの「功罪」を見極めることが肝要なのである。

「押し付け」であるＧＨＱの五大改革指令についても同様に考えるべきであり、「農地改革」を再検討して、継続か、改正かを判断しなければならない。戦前の「地主制度」によって小作農民が虐《しいた》げられた状態を改善し、自作農が増えることによって、日本の農業全体の発展が見られた点を考慮すると、「農地改革」を基本的に継続すべきであると考える。この論理は、ＧＨＱの指令の内容に「妥当性」があるかどうかを自主的に評価するものである。したがって、「おいしいところ取り」で構わないと考える。

第二の指摘は、自主的軍隊にならない限り、自衛隊はアメリカの軍事戦略に組み込まれ、永遠にアメリカの傭兵《ようへい》に終わるだろうと訴えた、三島由紀夫の檄文を彷彿《ほうふつ》させる。同時に、多くの護憲論者からの、改憲論者への反論に通じるものである。しかし、九条改憲論者のすべてが対米従属構造の強化を目論んでいるわけではない。

私はこのように考える。九条問題と日米安保の問題は、論理的に分離すべきである。なぜなら、制定経過を見れば、九条があるために日米安保条約ができたからである。したがって、安保条約成立の根源にある九条を優先的に検討しなければならないのである。先ず九条を改正して自立した上で、自主的軍隊を作り、自主防衛を基軸にする。次の段階で、国連との連携を図るとともに、単独防衛か、それとも集団安全保障体制を取るべきかを慎重に判断する。集団安全保障は「義務」ではなく「権利」であるから、必ず行使しなければならないというものではない。したがって、日米安保条約を解消して単独防衛を国策とし、完全な自主・

自立の道を歩むことは考えられる。

だが一方で、近隣国の覇権主義・軍事中心主義の台頭という現実を顧慮して、日米安保条約を継続することも考えられる。ただしその場合は、日本がアメリカの軍事戦略に巻き込まれる危険性があることは否定できない。そこで、九条改正を機に、対米従属にならないように見直さねばならない。相互の独立を尊重しつつ、平和維持を目的とし、拡大行動を抑止するための軍事的ルールを確立するとともに、基地問題などの現行条約の問題点を改善する。私論は、「是正」を条件とする集団安全保障の立場に立つ。

九条と日米安保が深く関連しているのは確かである。しかし、単独防衛と集団安全保障体制といずれを選択するにせよ、議論の順序として、先ず、国家の基本法である「憲法」における九条問題を解決し、次の段階で、「法律」の問題として安全保障のあり方を熟慮すべきである。

④　護憲派の主流は、9条が自衛のための戦力保有権・交戦権をも放棄していると解釈する「絶対平和主義」の立場である。「絶対平和主義」は、「殺されても、殺し返さずに抵抗する」という、ガンディーやキング牧師の非暴力抵抗の思想に連なり、苛烈な自己犠牲の責務を我々に負わせるものである。この実行によって、侵略者の非道性と抵抗者の人道性を国際世論に広く訴え、国際社会の圧力を高めて侵略を終焉させる効果は十分考えられる。しかし、護憲派に非暴力主義の峻厳な責務を引き受ける覚悟があるとは思えない。絶対平和主義を国民全体に課すことは、道徳的英雄に課される義務、すなわち「義務以上の奉仕」の要請であるが、それを拒否して、侵略に対する戦争を行なったとしても、批判することはできない。

護憲派は、絶対平和主義による峻厳な倫理的行為を回避して、自衛隊・安保によって供給される防衛サーヴィスを享受し続けながら、絶対平和主義という「原理主義的な解釈」を温存することができた。また、九条があったからこそ、自衛隊の行動の抑止力となったという主張も、安全保障便益を享受しながら、9条の法的規範性の問題を回避することにより、倫理的責任を放棄した「倫理的ただ乗り」である。
――前段の、護憲派の「絶対平和主義」の立場に対する批判は、護憲派の最大の弱点を突いている。絶対平和主義を信奉する丸山、大江、柄谷、樋口に対して根本的な疑義を呈した私見と一致する論調である。井上はこの中で、九条の絶対平和主義を国連で宣言すべきであると表明する柄谷行人を〈何とも幸福な精神の持ち主〉と皮肉っているのは、私見を補強してくれるであろう。また、後段は、自衛隊・安保によって守られながら、「絶対平和主義」を唱える護憲派を「倫理的ただ乗り」と厳しく論難しており、護憲派はこの強烈な批判に誠実に応える義務がある。

⑤　9条は立憲主義にとって異物であるばかりか、はびこらせる政治的欺瞞は立憲主義を蝕《むしば》んできた。憲法の本体を救うために、9条を削除すべきである。

その理由の第一は、安全保障戦略は、改正の困難な硬性憲法によって規定するのは不適切である。平和主義・国際協調主義などの一般的原理を国政の指導理念として明記するのはよいとしても、それを実現するための、非武装中立、武装中立、集団的安全保障体制への参加などの政治的選択は、民主的立法過程の討議に付すべきである。

第二に、9条の削除を求めることは、「絶対平和主義」の立場を排除することを意味しない。日本国民がこの運動を支持して成功させ、非暴力抵抗の責務を引き受けることを世界に宣明するなら、人類の歴史において「名誉ある地位」を獲得できることになり、賛成はしないが敬意を惜しまない。

――ここで述べられている〈9条削除〉の考えに対しては、9条が論理的整合性の欠けた不条理な条文であることに疑いはないので、賛同する。また、第一の理由にある、平和主義・国際協調主義などの一般的原理を国政の指導理念として憲法に明記することにも賛成である。ただし、先に述べたように、九条問題と集団安全保障の問題は切り離すべきであり、単独防衛か集団安全保障体制を取るかは法律で決定すべきであるが、非武装か武装かは、国家独立の根幹に関わる「国家の大方針」なので、やはり憲法に定めるべきであると考える。

また、第二の理由については、非暴力主義の倫理的・人類的意義に敬意を表しつつも、逆説的表現を用いて憲法への適用に反対しているところに井上の真骨頂がある。私見で述べたように、絶対平和主義は、個人の崇高な犠牲的行為としては敬服すべきであるが、それを国民全体や全世界に適用することは、国民や他国民の「命の犠牲」を強いるものであるがゆえに、憲法で規定することは適切でないのである。

⑥　九条については、単に日本の国益の視点だけでなく、グローバルな秩序形成の規範的指針たる〈世界正義〉の視点から、考察すべきである。戦争の正義論には、邪悪な体制を正すための戦争は許されるとする積極的正戦論、国益のための戦争は許されるとする無差別戦争観、あらゆる戦争を不正と見なし、非暴力抵抗を覚悟する絶対平和主義、侵略に対する自衛戦争のみを正当な戦争と見なす消極的正戦論の四類型がある。この中で「消極的正戦論」を支持する。それと同時に、戦争遂行手段について、「戦争における正義」を具現した戦時国際法規の順守も必要である。

そして、自衛のための戦力を保有するなら、志願制ではなく徴兵制が採択されるべきである。なぜなら、必要不可欠な限度を超えて戦力が濫用される危険を抑止するためには、戦力の発動に対するシビリアン・コントロール〔文民統制〕を確立するだけでは、不十分だからである。

このような危険に対する最大の歯止めは、国民全員に「敵を殺し敵に殺される兵士になるのは、他者ではなく自分自身または自分の子供たちだ」という自覚を持たせることである。自衛戦争に伴う犠牲を社会の少数者に集中転嫁せず、国民のだれもが平等にこれを負うことは、軍事力の暴走を統制するだけでなく、自らは自衛戦力がもたらす安全保障上の便益だけを享受するというフリー・ライディング〔ただ乗り〕を排除する公平性の要請でもある。これは、国内体制が共和制であることを恒久平和の一条件としたカントの議論の現代的含意でもある。

さらに、徴兵制の場合には、「良心的兵役拒否」の権利の保障は必要であるが、その場合でも、この権利の濫用への歯止めが必要であり、戦時における戦傷者の看護救助や、大規模災害やパンデミック〔感染症の世界的大流行〕における救助看護など、自らも大きな被害リスクを負う任務でなくてはならない。

——井上の説く、正当な戦争を自衛に限定する〈消極的正戦論〉を支持する。また、国際法規の順守は国連との連携と併せて必須の方針であり、賛成である。

次に、徴兵制については、樋口の提起に共通するテーマである。井上の言うとおり徴兵制は理論的には正当であり、自分自身の問題として考えなければならない。と同時に、現実を直視し、慎重に判断せねばならない。私自身を含めて、平和に慣れ切ってしまい、弛緩《しかん》した私たちの精神状況を直視するなら、直ちに徴兵制を布くという急激な変化は、反《かえ》って混乱を引き起こし、実質的効果を上げられないように思われる。そこで、このような現実を漸進的に改革する方法として、「義務制」と「志願制」との併用を提案する。

「義務制」の仕組みは、自衛隊体験入隊によって国家観・国防観の重要性を改めて感得した三島由紀夫の行動がヒントになる。国民は原則として、一定期間「軍隊」に体験入隊をし、教育訓練を受けることが義務づけられる。憲法・国際法・軍事知識などを学ぶとともに、軍隊行動を体感することによって、平和と国防の意識、軍隊に対する理解、国防と命との関わりの認識などが養われることが期待される。

次に、犠牲の公平負担は理想であるが、高度の軍事技術が発達している今日の軍隊の現状を照らしてみるなら、国防に対する積極的な意志を持つ国民に支えられた「志願制」は必要である。「志願制」による軍隊は、専門職としての知識と技術の訓練を受け、有事に行動する。さらに、軍人を補助する要員として、現行の、志願制による「予備自衛官」の制度も活用する。「予備自衛官」とは、平素は各自の職業に従事するが、一定期間の教育訓練を受けたのち、緊急時に召集命令などを受けて後方支援、基地整備などの任務に就《つ》く者のことである。近年では、熊本地震、北海道胆振《いぶり》東部地震、各地で起こった集中豪雨の際に活躍した（防衛省編集『令和元年版　防衛白書　日本の防衛』）。

以上のシステムは、「体験入隊の義務化」、「志願制による軍隊組織」、「志願制による予備役制度」の三重構造によって国防を支えるという構想である。なお、この案は暫定的なものなので法律で定め、憲法では「軍隊」のみを規定しておくことが望ましい。そして、一定の試行期間ののち、この併用制の評価を行い、「徴兵制」、「志願制」、「義務制と志願制の併用制」のどれがよりよいものか、国民が選択すればよいと考える。なお、徴兵制の場合、「良心的兵役拒否」の権利の設定と、厳しい代替策の必要性については、井上に同意する。

⑦　井上改正案Ⅱ（段階的アメンドメント方式）

〈第一段階〉

修正第1条　本文第9条は削除する。

2　安全保障のために戦力を保持するか否か、又、戦力の編成と運営に関わる事項は、法律により定める。
3　戦力保持を法定する場合は、軍事裁判の規則・手続・期間も法律により定める。本文第76条第2項の定めに拘《かかわ》らず、軍事裁判機関は設置できるが、終審として裁判を行うことはできず、その裁定に対して不服ある者は最高裁判所に訴えることができる。
4　外国の軍隊が駐留する基地は、法律の定めによらなければ、国内に設置できない。駐留外国軍による国内基地の使用条件についても法律の定めによるものとする。
5　本条第2項、第3項、第4項の法律案については本文第59条第4項を適用しない。
6　政府による武力行使の決定は国会の事前の授権によらねばならない。この授権は、衆議院と参議院の緊急合同国会における出席議員の過半数の賛成による承認を要する。
7　法律で戦力を設置する場合、内閣総理大臣は、その最高指揮官となる。

〈第二段階〉

修正第2条　修正第1条第4項により外国軍駐留基地を設置するには、法律の定めるところにより、その基地を施政域内に含む各地方公共団体の住民投票において、その過半数の同意を得なければならない。

〈第三段階〉

修正第3条　安全保障のために戦力の保有を法律で定めた場合は、兵役に服する能力のある国民はすべて、法律の定めるところにより、一定期間兵役に服する義務を負う。本文第14条第1項は兵役義務にも適用される。
2　兵役に服する国民は軍事訓練に加えて、法律の定めるところにより、この憲法と国際法の諸原理の理解を徹底させるための研修を受けなければならない。

3　自己の良心に基づき、兵役を拒否する権利は、これを保障する。この権利を行使する者は、消防、災害救助活動、その他法律で定めるところの、これらに準じる負担を負う非武装の代替公役務に服さなければならない。

4　本文第18条は、本条第1項の兵役義務と第3項の代替公役務については適用を除外される。

――井上は、改正案を一括して国民投票にかけるのではなく、「憲法改正案ごとに」かけるという国民投票法の限定句を重視している。そこで、その具体的方法として、アメリカ合衆国憲法の、「修正条項」によって改変・補正するアメンドメント方式を参考にし、当初の改正案IをIIに再定式化した。では、このIIを論評する。

修正第1条第1項の「九条削除」には、全く賛同する。

しかし、第2項に対しては異論がある。戦力保有の是非が選択的問題として規定され、法律で定めるとして、先送りされている。しかし、私はこう考える。第2項では、平和の理念、戦争に対する考え方、軍備の保有の是非などについての「国家の大方針」を明記すべきである。すなわち、侵略戦争を放棄し自衛のための戦争のみを認めること、自衛のためと国際平和に貢献するための軍隊を保持することを明記する必要がある。井上は、先の⑤で「非暴力主義・絶対平和主義」を否認し、⑥で「正当な戦争」を自衛に限定する〈消極的正戦論〉を支持しているのであるから、第2項でこの〈消極的正戦論〉と軍備保持を明確に規定すべきではないだろうか。

したがって、〈戦力を保有するか否か〉を法律で定めることには反対である。なぜなら、戦力保持か軍備撤廃かを「法律」で定めるとすれば、その時々の国民や政権の判断によって、容易に決められてしまうからである。民主主義政治は、完全無欠のシステムではない。独裁や専制よりすぐれているとしても、衆愚政治や劇場型政治に陥る危険性を常に孕《はら》んでいる。だから国家の根本法である憲法は、改正の容易でない「硬性憲法」になっているのである。しかも、「国家の大方針」が短期間で正反対の方向に大きく変わるとすれば、国家の混乱と迷走に拍車をかけ、国家の安定は望めないであろう。以上の理由によって、戦力保持か軍備撤廃かは「憲法」で規定すべきであると考える。ただし、修正第1条第2項で戦力保有を明記するのであれば、修正第1条第3項以下の条文を全体として妥当と考える。また、修正第2条にも同意する。

修正第3条については、すでに述べたように、徴兵制は時期尚早と考えるので、現段階では憲法に定めないで、国民的議論を深めてから法律で規定するのがよいと考える。

井上は、法哲学の知見に立脚し、立憲主義と「法の支配」の原理に基づいて九条の根源的問題点を抉《えぐ》り出した。さらに護憲論だけでなく、改憲論の矛盾をも指摘して、いずれに対しても批判の目を向けている。その上で九条問題解決への道程を示している。そのすべてに同意できるわけではないにせよ、私たちが玩味《がんみ》すべき教示である。護憲論者だけでなく改憲論者も、井上の改憲論と真正面から対峙することを迫られるであろう。

自己の言論活動を通じて、憲法のあり方についての国民的熟議に寄与しようと努めている井上は、こう述べている。

「安全保障と憲法のあり方を一人一人の市民が真剣に自分の頭で考え、あるいは『識者の見解』を批判的に吟味し、率直で真摯な議論を相互に闘わせる社会的熟議実践を広げ深めてゆくことが、日本の立憲民主主義を発展させるために本当に必要な政治的実践だと私は考える」この所見に満腔《まんこう》の賛意を表する。これまでの私見と次節の「私の九条改正論」が、井上の要請に対する、一市民の応答である。

第五節　私の九条改正論

敗戦により、占領軍に統治された我が国が国家の独立を喪失するとともに、日本政府もGHQに従属せざるを得なかったことは非難されるべきではなく、その立場を理解すべきであろう。また、国民が、三百数十万人もの多数の国民が犠牲となった悲惨な戦争を二度と起こしたくないとの思いから、第九条を容認したことも配慮しなければならないだろう。

しかし、国家が独立を回復したあとは、国家の独立を支えるのは国民一人一人の独立心である。今日の私たちはGHQの呪縛《じゅばく》から解放されて、自立して思考しなければならない。憲法制定の歴史の真実を正しく認識するとともに、第九条の不条理性と、法理を崩壊させた再軍備の命令は、「負の遺産」と見なすべきである。同時に、法の規範性を歪《ゆが》めた日本政府の、積み重ねてきた「解釈改憲」を根底から覆《くつがえ》し、規範性のある「真正の憲法」に作り変えなければならない。解釈によって憲法を恣意的に変更することは、「国家基本法としての憲法」の信頼性を損なうことになるのである。

人間生活の本質は、「共同性」と「社会性」にある。アリストテレスとヘーゲルが夙《つと》に説いたように、社会的共同体である国家を維持できるのは「道徳」と「法」である。人のものを盗んではならないなどの道徳的ルールは、平穏な社会秩序を維持するために不可欠である。そして、道徳的規範が法の中に取り入れられ、強制力を伴って実効性を確保することによって、社会は成り立っている。道徳は法の基盤である。三島由紀夫が看破《かんぱ》したように、法を信頼しなくなることは、道徳の崩壊を引き起こすのである。

私たちは、理想と現実の両方を視野に入れた「複眼的思考」を持ち、理想を追求しつつ、現実を見据えなければならない。理想は戦争をなくすことである。戦争は、国民の生命を奪い、国民の精神に強大な影響を与えるとともに、倫理と文化を破壊する。戦争は国民の「生命・精神」と「倫理・文化」の敵であり、戦争をなくすためのあらゆる努力が必要である。

戦争をなくすための努力という点について、ドイツの哲学者・ヤスパース（一八八三〜一九六九）の提案は、傾聴に値する（飯島宗享他訳『現代の政治意識――原爆と人間の将来［上巻］』―『ヤスパース選集15』）。ヤスパースは、戦争は根絶されないという自然の現実を認めながらも、カントを継承して、国際的なコミュニケーションの必要性を説き、国際条約の重視や、国際機構を充実させることによる戦争の防止と平和の実現を訴えた。それと同時に、〈超政治的な思考〉の必要性を提起した。すなわち、他者との関係を重視する〈道徳〉、自己主張や拡大欲を抑制する〈犠牲心〉、犠牲心を導く〈理性〉の、三つの結合を〈超政治的なもの〉と見なした。国際法や国際政治による努力とともに、法の基盤となる「道徳」の養成を重視した。「上からの法」にすべて頼るのではなく、「下からの内面の変革」を戦争防止の根源的な方策と考えたのである。

ただ、ヤスパースの言う〈超政治的なもの〉を養うことは、一朝一夕に実現できるものではない。「道徳心」を涵養《かんよう》するためには、コミュニケーションの力を最大限に活用せねばならない。我が国における「国民教育」だけでなく、世界的規模での「世界市民教育」を永続的に行うことが、必要不可欠の条件となるであろう。

そして同時に、眼前の現実世界も直視せねばならない。日本を取り巻く状況を見つめるならば、我が国領土の不法占拠や、領海侵入、「人身の自由」を奪う行為などが現実に起っている。理不尽な侵略行為があった場合には、「絶対平和主義」に基づく無抵抗主義を取るべきではない。また、警察力やゲリラ戦で対抗するべきでもない。いずれも、多数の国民に苛酷な犠牲を強《し》いるからである。平和の維持を基本理念としながら、領土・領海侵犯や人権侵害などに備えて、最低限の「自衛のための戦力」は必要である。国内において国民の生命・財産・心身の自由を守るために「警察力」が必要であるように、主権国家としての独立と、国民の生命・財産・心身の自由及び領土・領海・領空を守るために、「国防力」は必要だからである。国家の独立がいかに重要であるかは、敗戦によって他国に支配され、国家主権を失った我が国が、国家の根幹が破壊され、国民の精神や文化が甚大な影響を受けたことによって証明される。

そして今日、自衛のための軍隊は、東日本大震災や原子力災害、頻発し激甚化する自然災害、ウィルス災禍への支援など、献身的な活動を行なってきており、警察力では限界のある活動に貴重な成果を上げている。国家防衛のための軍隊は、国民の命と生活を守るために、軍事的活動だけでなく、多様な「善」を実現できる組織なのである。

さらに、自国の防衛という国内的視点だけでなく、国際的視点も重要である。世界が平和になってこそ、我が国も平和を保つことができるからである。

カントは、「おそらく永遠平和はありえないにもせよ、私たちはそれがありうるかのように行為しなくてはならない」と述べ、国家エゴイズムによる戦争を回避し、平和を確立するために、法と権利に基づいて諸国家を統合した憲政組織の必要性を説いた（吉澤傳三郎他訳『人倫の形而上学』――『カント全集　第十一巻』）。カントの説示は現代に生きている。今日の国際社会は、国家相互の協力関係が深化している。カントの理念が生かされている国連は、安全保障理事会における常任理事国の構成や拒否権の存在など、改革すべき点が多々あるにせよ、国際社会に不可欠の柱石なので、最も重視すべき国際機構である。絶えることのない地域紛争に対して加盟国が軍隊を出し、紛争抑止と平和回復のために懸命の努力を続けている。戦争を防ぎ、平和を維持するためには、国際協調は不可欠である。他国との友好関係を基調としつつ、外交努力を持続するとともに、国連の理念と協調し、平和を維持・推進するためのあらゆる努力をしなければならない。

九条護持論の本質は、自国の平和維持に閉じこもる「鎖国的平和主義」である。しかし今日の平和主義は、自国の平和だけに専念する「孤立的平和主義」や、世界の紛争をただ傍観する「傍観的平和主義」であってはならない。国際機構と連携し、世界の平和に寄与する「国際的平和主義」でなければならない。

だが他方で、現在の国連平和維持活動において、自衛隊の行動が制限されている事態は正常ではない。「駆け付け警護」などに一部進展が見られるにせよ、他国の軍隊が命を懸けて活動しているのに対して、自衛隊だけが危険な行動を避けているのは「エゴイズム」そのものである。戦後日本の「生命至上主義」に異議を唱えた三島由紀夫の檄文が、今甦《よみがえ》っているのである。安全第一で形だけの参加では平和維持活動の役割を全《まっと》うすることはできない。その足かせになっているのが、ほかならぬ「第九条」であり、改正の有力な根拠となるであろう。

そして、自衛隊の現実の姿を見たとき、国家を防衛し国民の命を守るとともに、国際平和と国際的人道支援に貢献する自衛隊に対して、敬意と感謝の念を抱くものである。それだけに一層、解釈改憲による「欺瞞的軍隊」であることを解消する必要があり、合憲とするための確固たる保証が不可欠なのである。

歴史を顧みるなら、戦前は軍事中心の国家であったが、戦後はその正反対に、憲法上は非武装の国家となった。つまり、国家の大方針が極端から極端へと偏向しているのである。しかし、両極へ走ることによって、国家に大きな歪《ひず》みが生まれた。今日の国家は、戦前国家のような軍事中心ではなく、また戦後国家の軍備放棄でもなく、両者を克服する「中道」を行くことによって、戦争を抑止し、平和の実現に努めなければならない。

以上の理由により、不条理な第九条を改正して「軍隊」の保持を明記し、規範性のある「純正な法典」にしなければならない。また、付随事項として、軍隊が勝手に出動することのないように、最高指揮権は、国民主権の原理によって選ばれる内閣総理大臣に与えるべきである。加えて、政権の暴走を防ぐために、軍事発動には国会の承認が不可欠である。

そこで、具体的文言については、時間をかけて精緻に検討することとし、九条をすべて削除した上で、新しい九条の基本的理念を、次のように提示する。

（1）現行第一項の趣旨は生かしてよいが、国家の大方針に異なった解釈が生じることのないように、「世界平和を維持するために、紛争解決の手段としての武力行使及び侵略戦争を放棄する」という趣旨の文言にし、自衛戦争を容認して厳密性を確保すべきである。

（2）第二項には、「国家の独立と安全を保障し、国際機構と連携して国際平和に貢献するため、軍隊を保持する」という趣旨を新たに明記する。

（3）第三項を追加して、「軍隊の最高指揮権は、内閣総理大臣に属する」という趣旨を規定する。

（4）第四項に「軍事発動の際には、国会の事前承認を必要とする」という趣旨を規定する。

おわりに

三島由紀夫は、自分の死に対する評価を「歴史」に委《ゆだ》ね、後世の「道義的精神」を重んじる人たちに自分を託した（「反革命宣言」）。そして、こうも語っている（『告白　三島由紀夫未公開インタビュー』）。

僕が死んで五十年か百年たつと、ああ、わかったという人がいるかもしれない。それで構わない

没後五〇年、三島の魂は言霊《ことだま》となって私たちに迫ってくる。

「現在」に生きている私たちは、歴史意識を研《と》ぎ澄まし、過去の経験値の宝庫である「歴史」から謙虚に学ぶべきである。「過去」を振り返ることは「現在」を考えることであり、「現在」を考えることは「未来」を建設することである。このようにして「歴史」は形成され、「歴史」が裁定者となる。この命題は「憲法」にも当てはまる。日本国憲法の歴史を正視し、その成り立ちに含まれている「非正統性」と「反民主性」を解消するとともに、「矛盾」と「欺瞞」がまかり通っている第九条に「道義」を吹き込まなければならない。法の命である「厳正な規範性」を確立し、立憲主義の王道を歩まなければならない。私たち一人一人が、「歴史の法廷」に立っているのである。

本書は、これまで「憲法」というものを突き詰めて考えようとしなかった私の深い反省の書でもある。私自身を含めて、今や私たちは知的怠慢から脱却せねばならない。「憲法」を考えることは「国家」を考えることであり、同時に「自分自身」を考えることである。私たちは、国家と緊密な関係にあることを自覚し、国家のあるべき姿を模索しつつ、現憲法と真摯《しんし》に向き合うべきである。歴史・伝統・文化を中核とする日本国家を基盤にするとともに、広く世界を見据えたものでなければならない。

一字一句たりとも憲法を改正してはならないと主張する人々は、現憲法を「神聖な法典」として崇《あが》め、「信仰」の対象としている。護憲論の悪弊は、護教的な信念と化している点にある。私たちが最も避けなければならないのは、狭量な「固定観念」である。最も必要なのは、硬直したイデオロギーに縛られない「理性の自由な思考」である。

人間は完全無欠の存在ではない。そうであれば、人間の作る憲法典も完全無欠ではない。憲法も常に不完全な存在であり、完全性を目指して永久に追究しなければならないものである。憲法は永久保守の対象ではなく、永久革命の対象なのである。したがって、法理上と内容上の両面から緻密に思量すべきである。現憲法のすぐれた価値のあるものを堅持するとともに、現実に適合しないところは改正し、欠けているものを補足すべきである。憲法は国民のためにあるのであって、国民が憲法のためにあるのではない。柔軟な思考力を駆使して、国民に「真」と「善」をもたらす憲法を創造しなければならない。これこそ、「民主主義」と「立憲主義」を真に生かす道であると確信する。

本書では、三島由紀夫の憲法改正論を中心としつつ、注目すべき改憲論を取り上げて論評した。しかし、これら以外にも、学者、評論家、政党、政治家、各種民間団体、新聞社などが、様々な改憲案をこれまで発表しており、百花繚乱《ひゃっかりょうらん》の様相を呈している。そこでは、三島の提起した五項目以外にも、前文の改正、天皇の元首規定、国民の権利・義務の見直し、環境権、プライバシー権、知る権利（アクセス権）、婚姻規定、衆議院の解散権、参議院制度、憲法裁判所の設置、憲法改正発議要件など、多くの課題が提起されている。したがって、時代の変化に柔軟に対応するために、これらのテーマを慎重に検討し、よりよい憲法を追求することが求められるのである。

また、本書で論及したもの以外にも、数え切れないほど多くの護憲論が説かれている。したがって、改憲論とともに護憲論にも真剣に耳を傾け、両論を綿密に比較考量することも大切である。

そして、対立する両極を、決裂ではなく相互了解に結着させなければならない。国民生活に重大な影響のある「国家の最高法規」だからこそ、「憲法」についての「開かれた言論の場」が形成されることを心から願う。特に、未来を担う若い人たちが強い関心を持ち、この広場に多数参集することを熱望する。現憲法の根幹を成す「民主主義の理念」を最大限に生かさなければならない。私たち一人一人の熟慮と幅広い議論を積み重ねることによって、憲法論議の成熟を目指すべきであると信ずる。

＊

最後に謝辞を申し上げたい。
勉誠出版代表取締役・池嶋洋次氏には前二著と同様にお力添えをいただき、勉誠出版編集部の和久幹夫氏には多大なお世話になった。深甚の感謝を申し上げる。
また、三島由紀夫研究会代表幹事・玉川博己氏は、折にふれて精神的に後押しをしてくださった。心からお礼申し上げたい。

前二作と同様に、本書を亡き両親に捧げる。

二〇二一年四月

藤野　博

参考文献

・三島由紀夫『決定版　三島由紀夫全集』34〜36・42（新潮社、二〇〇三・〇五）
・三島由紀夫（TBSヴィンテージクラシックス編）『告白　三島由紀夫未公開インタビュー』（講談社、二〇一七）

以下、引用及び参照順であるが、同一著者の著作はまとめてある。

・『The Oxford English Dictionary Second Edition』Vol.II・III（Clarendon Press・Oxford、一九八九）
・小島憲之／直木孝次郎他校注・訳『新編日本古典文学全集』2・3日本書紀①②（小学館、一九九六）
・芦部信喜（高橋和之補訂）『憲法　第七版』（岩波書店、二〇一九）
・稲田正次『明治憲法成立史』上・下巻（有斐閣、一九六〇・六二）
・佐藤達夫『日本国憲法成立史』第一巻・第二巻（有斐閣、一九六二・六四）
・佐藤達夫（佐藤功補訂）『日本国憲法成立史』第三巻・第四巻（同、一九九四）
・高柳賢三／大友一郎／田中英夫編著『日本国憲法制定の過程――連合国総司令部側の記録による』I原文と翻訳・II解説（有斐閣、一九七二）
・畑博行／小森田秋夫編『世界の憲法集［第五版］』（有信堂、二〇一八）
・美濃部達吉『新憲法逐條解説』（日本評論社、一九四七）
・清水伸編著『逐条日本国憲法審議録［増訂版］』第一巻・第二巻・第四巻（原書房、一九七六）

・ダグラス・マッカーサー『マッカーサー回想記〈下〉』（津島一夫訳）（朝日新聞社、一九六四）
・江藤淳『閉された言語空間　占領軍の検閲と戦後日本』（文藝春秋、一九八九）
・江藤淳／小林直樹他（ＮＨＫ編）『憲法論争』（日本放送出版協会、二〇〇五）
・西修『憲法改正の論点』（文春新書、二〇一三）
・同　『各国憲法制度の比較研究』（成文堂、一九八四）
・佐藤幸治『日本国憲法論』（成文堂、二〇一一）
・『ゲーテ全集』13箴言と省察他（関楠生他訳）（潮出版社、一九八〇）
・『ヘーゲル全集』９ｂ　法の哲学　下巻（上妻精他訳）（岩波書店、二〇〇一）
・福田恆存『福田恆存全集』第六巻（文藝春秋、一九八七）
・西部邁『わが憲法改正案』（ビジネス社、二〇〇四）
・樋口陽一『憲法　第三版』（創文社、二〇〇七）
・同　『憲法と国家――同時代を問う』（岩波新書、一九九九）
・同　『いま、「憲法改正」をどう考えるか――「戦後日本」を「保守」することの意味』（岩波書店、二〇一三）
・樋口陽一／小林節『「憲法改正」の真実』（集英社新書、二〇一六）
・小林節『憲法守って国滅ぶ――私たちの憲法をなぜ改正してはいけないのか』（ＫＫベストセラーズ、一九九二）
・宮澤俊義『憲法の原理』（岩波書店、一九六七）
・同　『憲法Ⅱ〔新版〕　法律学全集４』（有斐閣、一九六一）
・長谷部恭男『憲法　第７版』（新世社、二〇一八）
・同　『憲法の境界』（羽鳥書店、二〇〇九）
・同　『憲法の良識　「国のかたち」を壊さない仕組み』（朝日新書、二〇一八）

・初宿正典／辻村みよ子編『新解説世界憲法集　第4版』（三省堂、二〇一七）
・中山太郎衆議院憲法調査会長編『世界は「憲法前文」をどう作っているか』（TBSブリタニカ、二〇〇一）
・猪口孝他編『政治学事典』（弘文堂、二〇〇〇）
・杉原高嶺他『現代国際法講義［第5版］』（有斐閣、二〇一二）
・藤野博『三島由紀夫と神格天皇』（勉誠出版、二〇一二）
・同　『三島由紀夫の国体思想と魂魄』（同、二〇一八）
・百地章『憲法の常識　常識の憲法』（文春新書、二〇〇五）
・同　『政教分離とは何か――争点の解明――』（成文堂、一九九七）
・アンドレ・マルロー『反回想録（下）』（竹本忠雄訳）（新潮社、一九七七）
・クロード・レヴィ＝ストロース『月の裏側　日本文化への視角』（川田順造訳）（中央公論新社、二〇一四）
・共同通信社編著『世界年鑑　2019』（共同通信社、二〇一九）
・伊藤博文『帝国憲法・皇室典範義解』（丸善他、一八八九）
・佐藤功『日本国憲法概説　全訂第五版』（学陽書房、一九九六）
・同　「現代憲法の動向と改憲論」――憲法問題研究会編『憲法読本　上』（岩波新書、一九六五）
・小林直樹『［新版］憲法講義（上）』（東京大学出版会、一九八〇）
・伊藤正己『憲法　第三版』（弘文堂、一九九五）
・奥平康弘『憲法Ⅲ　憲法が保障する権利』（有斐閣、一九九三）
・小嶋和司『憲法概説』（信山社、二〇〇四）
・大石眞『憲法講義Ⅰ　第3版』（有斐閣、二〇一四）
・同　『憲法講義Ⅱ　第2版』（同、二〇一二）

・岡田莊司『大嘗の祭り』(学生社、一九九〇)
・鎌田純一『即位禮大嘗祭　平成大禮要話』(錦正社、二〇〇三)
・ジョン・ロック『寛容についての手紙』(加藤節／李静和訳)(岩波文庫、二〇一八)
・川北稔編『イギリス史　新版世界各国史11』(山川出版社、一九八九)
・紀平英作編『アメリカ史　新版世界各国史24』(同、一九九九)
・村上重良『天皇の祭祀』(岩波新書、一九七七)
・幣原喜重郎『外交五十年』(読売新聞社、一九五一)
・幣原平和財団編著『幣原喜重郎』(幣原平和財団、一九五五)
・寺島俊穂抜粋・解説『復刻版　戦争放棄編　参議院事務局編「帝国憲法改正審議録　戦争放棄編」抜粋』(三和書籍、二〇一七)
・佐道明弘『自衛隊史論　政・官・軍・民の60年』(吉川弘文館、二〇一五)
・渡辺治編著『憲法改正問題資料』上・下巻(旬報社、二〇一五)
・杉原泰雄編集代表『新版　体系憲法事典』(青林書院、二〇〇八)
・杉原泰雄『試練に立つ日本国憲法』(勁草書房、二〇一六)
・丸山眞男『丸山眞男集』第九巻(岩波書店、一九九五)
・マハトマ・ガンディー『わたしの非暴力　1』(森本達雄訳)(みすず書房、一九七〇)
・『内村鑑三信仰著作全集　21』(山本泰次郎編)(教文館、一九六二)
・大江健三郎『大江健三郎同時代論集　10』)(岩波書店、一九八一)
・バートランド・ラッセル『人類に未来はあるか』(日高一輝訳)(理想社、一九六二)
・夏目金之助『漱石全集』第十六巻(岩波書店、一九九五)

・柄谷行人『憲法の無意識』（岩波新書、二〇一六）
・慶應義塾編纂『福澤諭吉全集』第七巻（岩波書店、一九六〇）
・『カント全集』第十一巻（吉澤傳三郎他訳）・第十三巻（小倉志祥訳）（理想社、一九六九・八八）
・『マルクス＝エンゲルス全集』第4巻・第13巻（大内兵衛／細川嘉六監訳）（大月書店、一九六〇・六四）
・『フロイト著作集』第十一巻（高橋義孝他訳）（人文書院、一九八四）
・アマルティア・セン『グローバリゼーションと人間の安全保障』（加藤幹雄訳・山脇直司解題）（日本経団連出版、二〇〇九）
・井上達夫『立憲主義という企て』（東京大学出版会、二〇一九）
・防衛省編集『令和元年版　防衛白書　日本の防衛』（日経印刷、二〇一九）
・『ヤスパース選集』15現代の政治意識——原爆と人間の将来［上巻］（飯島宗享他訳）（理想社、一九六六）

藤野　博（ふじの・ひろし）

1943年　札幌市生まれ

1965年　慶應義塾大学文学部哲学科卒業

1965〜2003年　北海道立高等学校教員

現在　三島由紀夫研究会会員

会報『三島由紀夫の総合研究』に「三島由紀夫の死―石原慎太郎・梅原猛・吉本隆明はどう応えたか」、「三島由紀夫と陽明学」、「三島由紀夫と福澤諭吉」などの論考を発表

三田文学会会員

『三田文學』にショートエッセイ「我がふるさと北加伊道《ほっかいどう》」、「ウポポイ探訪」を発表

著書　『三島由紀夫と神格天皇』（勉誠出版、2012年）

『三島由紀夫の国体思想と魂魄』（同、2018年）

三《み》島《しま》由《ゆ》紀《き》夫《お》と日《に》本《ほん》国《こく》憲《けん》法《ぽう》

著　者　藤　野　博

制　作　㈱　勉　誠　社

販　売　勉　誠　出　版　㈱

〒101-0061 東京都千代田区神田三崎町二-一八-四

電話　〇三-五二一五-九〇二一㈹

二〇二一年五月三十一日　初版発行

印刷製本　中央精版印刷

ISBN978-4-585-39002-2　C3095

三島由紀夫の国体思想と魂魄

「歴史と伝統の国、日本である」と国民の覚醒と自尊自立を訴えた三島由紀夫。「伝統と革新の均衡」を思想基盤とした、国家論と国体思想を、客観的かつ精密に究明。

藤野博 著・本体四二〇〇円（＋税）

三島由紀夫と神格天皇

巨大な問題提起者・思想的刺激者である三島由紀夫の天皇観を緻密に分析し、「死の真相」を解き明かす。「倫理の不滅性」を訴えた素顔の三島由紀夫がいま蘇る。

藤野博 著・本体三五〇〇円（＋税）

青空の下で読むニーチェ

西部邁は『アクティブ・ニヒリズム』を主唱した。三島由紀夫ほどニーチェを読みこなした作家はいない。人生を強く生きよと主張したニーチェの思想を読み直す。

宮崎正弘 著・本体九〇〇円（＋税）

日本人を肯定する

近代保守の死

三島由紀夫、江藤淳、西部邁…戦後日本の保守論客たちの自死は何を意味するのか？　世界の思想、日本の思想の同時代状況を生きた著者の述懐と血路を示す。

田中英道 著・本体一〇〇〇円（＋税）